창업을 한다는 것

THE PERSONS
Professional interview collection for capitalism

더퍼슨스는 한 산업 분야의 다양한 전문가들을 인터뷰하여 해당 분야에 대한 균형 잡힌 관점을 담는 인터뷰 컬렉션입니다. 일방향보다 다방향, 정체보다 변화, 독점보다 공유를 추구합니다. 더퍼슨스 시리즈는 다양한 분야에서 계속됩니다.

Copyright ©the persons. All rights reserved.

창업을 한다는 것
Issue No.1 Worth the Challenge

초판 1쇄 인쇄	2023년 07월 12일
초판 2쇄 인쇄	2023년 08월 25일
발행인	이시용
인터뷰 · 편집	이시용 박병영 배대웅
교정 · 교열	오원영
사진	주철
디자인	이율희
발행처	더퍼슨스

출판 등록 2020년 1월 7일(제 2020-000043호)
주소 서울시 서초구 강남대로107길 21, 대능빌딩 2층(잠원동)
홈페이지 the-persons.com
이메일 thepersons.interview@gmail.com
SNS @thepersons_official

ISBN 979-11-969833-6-9 03070

창업을 한다는 것
Worth the challenge

Interviewer's Note

먹고사는 것. 인류가 문명을 이룩하기 훨씬 이전부터 생명을 가진 채 태어났다는 이유만으로 평생 해온 활동입니다. 동물을 수렵하고 식물을 채취하며 하루하루를 보냈겠죠. 어느 순간 씨를 뿌려 농사를 짓고 정착하며 곡식을 저장하기 시작했습니다. 인류에게 먹고사는 문제가 축복임과 동시에 저주가 된 시기. 개인별, 부족별, 국가별로 수확물의 차이가 발생한 것이죠. 뒤이어 여러 당사자 사이에 거래가 이루어지기 시작합니다. 물론 약탈이나 전쟁 등이 일상이었던 시기도 있었지만, 모든 역사는 부富를 추구하기 위해 역설적으로 부의 차등이 발생하는 방향으로 흘러왔습니다. 그 흐름이 우리가 사는 현재까지 이어져왔다는 사실은 말할 것도 없죠. 여러 산업혁명을 거치며 그 형태는 바뀌었으나 본질은 동일합니다. 부를 축적하기 위한 자본주의의 굴레에 갇힌 인류의 문명. 먹고산다는 것의 의미가 더 이상 먹고사는 것만의 의미가 아니게 되었습니다.

더퍼슨스의 새로운 시리즈『창업을 한다는 것』은 자본주의의 최진선에 있는 투사鬪士를 조명합니다. 그들은 사업 또는 투자라는 자본주의 체제의 두 가지 꽃을 통해 부를 창출하고 축적하고 있죠. 이번 시리즈 기획의 첫 단추는 그들과 관련한 한 가지 의문에서 시작됐습니다. 왜 소수의 사람이 전 세계 대부분의 부를 과점하고 있는 것인가. 분명 많은 현대인이 동일한 24

시간을 살고 엇비슷한 시간을 노동하며 살아가는데, 어떤 연유로 단 1%에 해당하는 소수만이 큰 부를 가져가는 것일까.

의문과 더불어 한 가지 고민이 함께 떠올랐습니다. 철저히 한 개인의 입장에서 이와 같은 상황에 대응할 수 있는 방안에는 무엇이 있을까. 세 가지 개념으로 정리해 봤습니다. 부에 대한 자신의 기대치를 낮추는 것, 부의 분배를 요구하는 것, 그들과 같이 적극적으로 부를 추구하는 것. 앞선 두 가지 관점 모두 중요하며 비중 있게 다뤄야 하는 큰 주제이지만, 이번 시리즈는 마지막 관점에 집중하기로 했습니다. 부에 대한 기대치를 낮추는 것은 개인 철학의 영역이고 부의 분배는 정치의 영역이기 때문입니다. 남은 선택지는 이미 자본주의 최전선에서 여러 풍파를 맞으며 부를 일궈온 이들의 이야기를 발판 삼아, 나 역시 부를 추구하기 위한 노력을 기울이는 것이죠. 막대한 부의 축적이 운칠기삼運七技三이 작용한 확률의 결과인지, 아니면 범인凡人은 알지 못하는 특별한 비밀이 있는지 작은 단서라도 발견하고 싶었습니다.

그간 이어온 더퍼슨스 오리지널 시리즈가 직업 그 자체의 가치관, 직업인으로서의 고충, 해당 커리어를 시작하고 이어가기 위한 노하우에 대해 질문을 던졌다면, 창업가와 투자가를 인터뷰하는 새로운 시리즈는 숫자에 관심을 두고 있습니다. 특히 창업가의 이야기를 담은 첫 번째 편에서는 소위 '얼마나 버는지', '얼마나 남는지' 등으로 해석할 수 있는 매출액과 마진율, 창업가의 일과별 시간 분배, 기업 규모와 성장 단계에 따른 직원 규모 등에 대해 물었습니다. 자연스레 그 숫자들을 달성하기 위한 여러 방법론을 아우르는 실무적인 문답이 뒤따르죠.

더불어 다양한 분야, 다양한 형태의 산업 분야를 다룹니다. 스타트업이라는 용어가 보편화되면서 요즘 시대의 창업은 IT 기술을 기반으로 한 사업만 부각되죠. 하지만 우리 일상을 돌아보면 꼭 그렇지만은 않습니다. 요식업, 제조업, 유통업, 공간 대여업 등 IT 사업이 아니더라도 꼭 필요한 재화와 용역을 제공하는 사업이 많습니다. 창업을 한 번이라도 고려해 본 이들에게 손에 잡힐 듯 가깝게 느껴지는 분야이기도 하고요. 이와 같은 맥락으로 너무 동떨어진 이들의 저 세상 동화로 남지 않도록 시리즈 첫 번째 인터뷰이 라인업을 구성했습니다.

현대에서 먹고사는 것이 부를 창출하고 축적하는 것과 동일한 의미라면 사실 창업가뿐 아니라 경제 활동을 하는 모든 사람이 자본주의 최전선의 투사겠지요. 이 시리즈가 여러분에게 동기부여를 얻는 마중물이 되기를 바랍니다. 언젠가 소모되어 사그라들 한순간의 '열정'이 아닌, 운동하듯 키워가는 매일의 '동기부여'. 아마 애써 당부하지 않더라도 이 책에 담긴 인터뷰이들이 명쾌하게 보여줄 것입니다.

모쪼록 자본주의에서 눈 뜨고 잠드는 모든 이에게 드립니다. 부디 먹고사는 뜻을 펼칠 생각에 가슴 뛰어 잠 못 이루는 나날 되기를.

편집장 이시용

Interviewer's Note ⋯⋯⋯⋯ v

Person 01. 창업을 한다는 것은 게임을 하는 것 ⋯⋯⋯⋯ 01
권동혁, (주)스케줄코퍼레이션

Person 02. 창업을 한다는 것은 추월차선을 타는 것 ⋯⋯⋯⋯ 23
이규호, 엠빌더

Person 03. 창업을 한다는 것은 농부가 되는 것 ⋯⋯⋯⋯ 45
이미소&최동녘, 농업회사법인 밭(주)

Person 04. 창업을 한다는 것은 포기하지 못하는 것 ⋯⋯⋯⋯ 71
권성택, (주)티오더

Person 05. 창업을 한다는 것은 반대를 무릅쓰는 것 ⋯⋯⋯⋯ 85
조소라, 팀컴바인드

Person 06. 창업을 한다는 것은 일이 곧 자신이 되는 것 ⋯⋯⋯⋯ 101
김한균, (주)에이비티아시아

Person 07. 창업을 한다는 것은 외롭게 싸우는 것 ⋯⋯⋯⋯ 123
필자생, (주)크리에이티브크루

Person 08. 창업을 한다는 것은 나를 만들어가는 것 ⋯⋯⋯⋯ 147
유현덕, 지랄닭발

PERSON 01
권동혁, (주)스케줄코퍼레이션

창업을 한다는 것은 게임을 하는 것

무엇보다 자신의 삶을 모두
쏟아부었으면 해요.
쏟아부은 만큼 보상이 올 거예요.
누가 대신해 주지 않거든요.

PERSON 01
권동혁, (주)스케줄코퍼레이션

자기소개 부탁드립니다.

저는 스케줄 코퍼레이션이라는 법인의 대표 권동혁입니다. 전국에 있는 '스케줄' 직영 매장을 총괄하고 있어요. 더불어 '공감'이라는 이자카야 브랜드도 함께 운영하고 있습니다.

'스케줄'과 '공감' 모두 재밌는 브랜드명이네요.

스케줄 매장의 이름을 처음 고민할 때 유치하게 짓고 싶었어요(웃음). 모두가 한번 들으면 바로 알 수 있는 이름이었으면 했죠. 많은 사람이 자주 사용하는 단어가 무엇일지 고민하다가 '오늘 스케줄이 어떻게 돼?'라는 말을 많이 하는 것을 발견했어요. 사람들이 이 매장에서 일정을 잡으면 좋겠다는 생각으로 지은 거예요.

이자카야 브랜드명을 지을 때는 일본어로 짓고 싶지 않았어요. 쉬운 단어였으면 싶기도 했고. 그 와중에 KBS 다큐멘터리 '공감'을 보게 됐는데요. 삶을 나눌 수 있는 사적인 공간이 되길 바라는 마음으로 이름을 지었습니다.

매출액 규모와 영업이익률이 궁금합니다.

2022년 말 기준으로 모든 스케줄 매장의 총매출은 2백5십억 원 정도 돼요. 이자카야 공감은 4개 매장이 있는데 모두 합쳐 7십억 원 나왔어요. 두 브랜드를 합치면 3백억 원 조금 넘네요. 영업이익률은 매장마다 다르지만 대략 15% 전후예요.

그렇다면 매장의 인원 규모는 어느 정도인가요?

매장마다 규모가 달라요. 스케줄 청담 본점은 50명 정도 근무하고, 다른 지점은 보통 15명에서 20명이 근무하고 있어요. 공감 같은 경우는 매장당 10명에서 12명 정도고요.

지금은 큰 사업체를 운영하고 있는데요. 과거 어떤 과정을 거쳐 지금에 이르게 되었는지 여쭤보고 싶어요.

대학교를 졸업하고 대기업 인턴십에 참가해 1년 정도 인턴 생활을 했어요. 중공업 분야여서 그랬는지, 대기업 문화가 제 성향에 맞지 않았는지 재미도 없고 너무 힘들었어요. 결국 1년 만에 나왔죠. 막상 나와도 한번 이 업계에 발을 딛게 되니 관련 업종으로만 취직하게 되더라고요. 중공업 분야, 발전소 관련 업종에서 2년 정도 회사 생활을 더 했는데 일이 손에 안 잡히고 적응을 잘 못 했어요. 계속 나가고 싶다는 생각 밖에 없었거든요.

그러다 주식 투자에 손을 댔어요(웃음). 경제적으로 자유를 얻어서 일을 그만두고 싶었던 거예요. 초심자의 행운처럼 처음에는 돈을 꽤 벌었어요. 수익이 좋으니 친구 돈에 사채까지 끌어오고, 증권사 신용거래로 레버리지를 4배까지 높여서 14억 원정도 되는 돈으로 투자하기 시작했어요. 당시가 2015년이었는데 지금 돌아보면 그때가 상승장의 거의 막바지였거든요. 여름이 지나면서 폭락하기 시작하는 거예요. 결국 제 자본과 빌린 돈까지 모두 날렸죠.

이제 어떻게 해야 하나 고민하던 차에 교류하던 지인 한 분이 '네 재능이 출중하니까 매장을 차리면 내가 투자할게.'라고 하시면서 선뜻 투자해 주셨어요. 그렇게 권리금 포함 4억 5천만 원으로 가로수길 메인 상권에 가게를 차리게 됐죠. 그중 1억 원이 제 자금이었고 나머지 금액이 투자금이었어요. 그 브랜드가 지금까지 운영하고 있는 이자카야 공감이에요. 공감을 창업하고 2년 반 만에 가지고 있던 빚 7억 원을 모두 갚았어요.

공감이 첫 창업이었음에도 훌륭한 성과가 나왔네요.

직장에 다니던 시절부터 창업에 관심이 많았어요. 첫 사업에 투자해 주셨던 분을 포함한 지인 모임을 보통 가로수길에서 가졌거든요. 자주 만나다 보니 불편한 점이 보이기 시작한 거예요. 넓게 뚫린 공간 형태로 된 가게만 있고 사적으로 모일 수 있는 룸이 마련된 곳이 거의 없었어요. 그나마 룸이 있는 가게는 신발을 벗고 들어가야 했죠. 당시 키높이 깔창이 유행하기도 했고 여성들은 부츠를 많이 신었기 때문에 신발 벗기를 부담스러워했어요. 이것만 보완해도 사람들이 많이 찾겠다 싶었죠. 그게 잘 먹혀들었어요.

그렇다면 공감에 이어 스케줄을 창업하기까지는 얼마나 걸렸나요?

정확히 3년 걸렸어요. 그 3년 동안 공감 매장도 가로수길 2

개, 그리고 강남, 홍대, 합정까지 5개로 늘어났고요. 앞서 말한 가게 콘셉트가 소위 대박 났던 거죠. 한 매장에서 월 매출이 5천만 원 정도 나왔던 것 같아요. 돈이 어느 정도 쌓이면 바로 다음 매장을 냈어요. 그렇게 빚도 모두 갚고 수익도 꾸준히 잘 나왔어요.

어느 정도 살만해지면서 청담동에서 시간을 보냈어요. 막상 가보니 카페, 레스토랑에 사람은 많은데 가게 자체는 별로더라고요. 제가 생각한 것만큼 맛있지도 않은데 값은 비싸고. '왜 이런 곳에 오지?' 싶은데도 사람이 가득 차있었어요. 그때 '내가 오고 싶은 곳을 만들면 잘 되겠다.'라는 생각을 했어요. 바로 주변 지인들에게 조금씩 투자를 받고 몇몇 친구를 영입해서 스케줄을 창업했어요.

이전 창업이 성공하기는 했어도 바로 다음 브랜드를 시작하기 쉽지 않을 텐데 실행력이 엄청났네요.

지인들도 무모하다고 걱정했어요. 당시만 해도 청담 쪽 요식업 상권이 많이 침체되어 있었고 몇몇 가게만 특출 나게 잘되던 상황이었거든요. 상가 건물도 오랜 기간 공실인 곳이 대다수였고요. 덕분에 지금 스케줄 청담이 있는 건물도 보증금 5억 원 정도로 시세보다 저렴하게 들어왔었어요(웃음).

가게를 오픈했을 때가 2019년 여름이었어요. 코로나 사태가 시작하기 반년 전이었죠. 그사이 6개월 동안은 정말 문전성시를 이뤘어요. 청담점 1층이 160평인데 손님이 꽉 차서 대기 팀이 100팀도 넘었거든요. 그리고 코로나를 맞이하게 돼요. 처음에는 걱정이 컸는데 오히려 더 잘되더라고요. 방역지침이 시행되던 초기에는 시간제한이 없던 데다 매장의 좌석 간 간격이 넓어서 안전하다는 생각에 손님이 더 몰리더라고요. 이런 효과를 노린 것은 아니지만 처음 가게 콘셉트를 설계할 때부터 여유롭고 널찍한 분위기를 지향했던 덕분이에요. 당시 한 달 매출이 계속 성장하면서 6천만 원, 1억, 2억, 3억, 5억 하다가 7억 원까지 도달했어요. 그때 키즈카페가 있었던 2층까지 인수하면서 지금의 스케줄 청담 구조가 돼요.

그리고 스케줄 2호점이 합정점이죠.

맞아요. 이어서 합정점에도 같은 콘셉트로 매장을 열었어요. 청담과 합정의 분위기가 달라야 한다는 의견도 있었는데, 저는 합정에서도 이런 콘셉트에 대한 니즈가 있을 것이라는 확신이 있었어요. 결국 적중했죠.

아마 다른 사람들이 그러한 니즈를 먼저 발견했다 하더라도 실행으로 옮기지 못했겠다는 생각이 드네요.

실행을 못했을 거예요. 워낙 덩치가 크고 손이 많이 가는 사업이라. 스케줄이 추구하는 콘셉트는 많은 수의 직원이 투입되고, 일반 식사 메뉴뿐 아니라 디저트도 필요하고, 주류도 다뤄야 해요. 게다가 매장의 크기도 커서 일반 자영업자는 엄두를 못 내요. 그렇다고 외식 대기업이 뛰어들기에는 애매한 규모의 니치마켓이라서 뛰어들지 않을 테고. 게다가 지금도 그렇듯 패밀리 레스토랑 업계가 사양 산업이 되다 보니 진입할 생각도 안 했을 거예요.

스케줄을 처음 구상하던 시기로 잠시 돌아가 볼게요. 직접 손님으로 방문했을 때 아쉬운 경험을 했던 가게들의 특성이 무엇이었나요?

인테리어가 굉장히 낡고 오래된 느낌을 받았어요. 빈티지가 아니라 리뉴얼을 하지 않아 트렌드에 뒤처져 있다는 느낌. 음식도 마찬가지였어요. 콘셉트가 일관적이지 않았죠. 비싼 파스타를 파는 곳인데 해장국도 팔고 있는 거예요. 그런 가게에도 사람이 많은 것을 보면서 제대로 가게를 만들어 운영하면 이 시장을 차지할 수 있겠다고 생각했어요.

반대로 스케줄이 다른 매장과 차별화하기 위해 갖추려 했던 점도 궁금해요.

넓은 공간이 필수였어요. 지인들과 편안하게 이야기하며 식사할 수 있고, 식사뿐 아니라 음료만 마시거나 저녁에는 술을 마시러 올 수 있는 분위기로 설정했어요. 편안하면서도 고급스러운 분위기를 놓치지 않으려 했죠. 대표적인 예가 디저트 빙수예요. 호텔에서 파는 고급 생과일 빙수는 무척 비싸죠. 일반 음식점에서는 그러한 콘셉트의 디저트 빙수를 시도하지 않고 있었고요. 스케줄에서 해보자는 생각으로 복숭아 빙수를 만들어 큰 인기를 얻기도 했어요.

더불어 공간적으로는 제가 이자카야 공감을 운영했을 때 적용했던 '룸'이라는 사적인 공간을 접목했어요. 생일 파티 등 이벤트가 있을 때 지인들끼리 사적으로 활용할 수 있는 공간이 갖춰진 레스토랑이 많지 않았거든요. 덕분에 그룹 단위의

예약이 많기도 해요.

앞서 음식의 콘셉트에 일관성이 없었던 타 매장의 일례를 짚어 주셨는데, 양식 위주인 스케줄 메뉴에도 김치볶음밥이 있더라고요.

맞아요. 스케줄 콘셉트에 맞지 않는데도 파는 유일한 메뉴예요. 운영 초반에 포함시킬지 말지 고민을 많이 했는데 양식으로만 메뉴가 구성되다 보니 느끼한 메뉴만 남더라고요. 꼭 필요한 메뉴라는 생각에 남겨뒀죠. 김치볶음밥은 제가 집에서 직접 해 먹던 방법을 적용해서 레시피를 완성했어요. 실제로 매출을 많이 올려준 효자 메뉴가 됐죠(웃음).

양식 메뉴 역시 어디서든 먹을 수 있는 파스타가 아니라 다른 메뉴를 만들고 싶었어요. 당시만 해도 하이엔드 파스타 가게에서만 다루던 송로버섯과 성게알을 사용해서 메뉴를 개발했죠. 이렇게 만든 트러플 파스타와 우니 파스타 역시 많은 인기를 얻고 있어요.

창업 이후 현재까지 승승장구하며 달려오고 있는데요. 그럼에도 지금 돌이켜보면 하지 않았을 실수가 있다면 무엇인가요?

이자카야 공감은 6개월마다 매장을 늘렸고 스케줄은 5개월마다 늘렸어요. 빠른 속도로 확장했죠. 페이스 조절이 필요했던 것 같아요. 코로나 사태와 같은 예상치 못한 일이 닥칠 줄 몰랐고, 유동성 자금을 확보하면서 진행했어야 했는데 바로바로 매장을 열다 보니 영업시간제한이 있던 때는 힘들어지

더라고요. 이자카야는 아예 영업도 못 했어요. 매장당 2천만 원씩 매월 고정비가 지출되는데 매장이 다섯 개니 1억 원씩 적자를 봤죠. 그 직전에 신규 매장을 한 곳당 10억 원씩 투자하며 늘렸다 보니 자금 흐름이 어려웠어요. 만약 과거로 돌아갈 수 있다면 한두 곳 정도는 더 여유를 갖고 진행했을 거예요.

오프라인 매장 운영의 중요한 부분 중 하나가 위치죠. 지금까지 여러 곳의 매장을 직영으로 열고 운영하면서 입지 선정 기준이 생겼을 듯해요.

어설픈 상권에는 들어가지 않았어요. 강남, 합정, 홍대, 신사, 청담 등 요지에서도 메인 상권에만 들어갔죠. 이런 곳의 임대료가 보통 1천만 원에서 3천만 원이라 리스크가 높다고 볼 수 있지만 저는 오히려 낮다고 생각했어요. 마케팅을 많이 하지 않아도 사람들이 쉽게 찾아올 수 있을 정도로 유동인구가 많으니까요.

그중 서너 개 정도 후보가 추려지면 1층인지, 테라스가 있거나 창가가 시원하게 개방되어 있는지 우선적으로 살펴봐요. 사람들이 좋아하기 때문이에요. 그리고 단층이 넓어야 해요. 여러 구획으로 나뉜 좁은 공간 여러 개가 아니라 한 개 층이 넓은지 보는 거죠.

그런데 이런 곳은 모두가 탐내는 장소라서 임대료가 비싸요. 그럼에도 중장기적으로 보면 더 큰 수익이 되는 곳들이에요.

본인에게 실력이 있다고 생각하면 더 좋은 상권에 들어가는 것이 맞는 거죠. 저 역시 작은 규모에서 조금만 벌고 싶지는 않아서 고생하더라도 큰 규모의 매장을 선택했고요.

그럼 초기 마케팅은 별도로 하지 않았나요?

네, 홍보를 나서서 한 적은 없어요. 입지 자체가 메인 상권인 데다 밖에서도 안이 들여다보일 정도로 개방감이 좋은 매장이어서 자연스럽게 손님들이 들어왔죠.

공감의 경우 한 번 왔던 손님들은 룸이라는 공간이 마음에 들어서 다시 방문하는 분들이 많더라고요. 술집 예약이 많이 없던 시기였는데 예약 제도를 운영해서 단체 고객이 찾기도 했죠. 그러면 좌석당 매출 단가도 높아지거든요.

스케줄도 마케팅을 안 했어요. 애초에 제가 가고 싶던 매장을 만들고 싶었고 그렇게 만들었더니 오시는 분들이 알아서 홍보를 해주시더라고요.

스케줄, 공감과 같이 큰 기복 없이 성장할 수 있으면 좋겠지만 그렇지 않은 경우가 더 많죠. 당장 오늘의 매출을 고민해야 하는 상황을 마주하는데요. 어떻게 하면 중장기적 안목을 갖고 사업을 운영할 수 있을까요?

자영업을 운영하면서 맞닥뜨릴 수 있는 큰 어려움이 있어요. 매출이 떨어질 때 한순간에 떨어진다는 거예요. 물론 위기 초반에는 크게 느끼지 못할 정도로 매출이 조금씩 줄어요. 그때 알아채고서 조치를 취해야 해요. 모르는 새 야금야금 줄어들다가 갑자기 수직으로 하락하거든요. 그때는 이미 늦었죠.

저는 다행히도 그런 위기를 겪어본 적이 없어요. 매출이 조금이라도 떨어질 기미가 보이면 바로 대응했거든요. 매장에 있을 때마다 손님 입장에서 뭐가 불편할지, 어떤 것을 개선하면 더 잘될지에 대해서만 생각했어요. 다른 가게에 갈 때도 마찬가지예요. 얼마 전 남자 넷이 식당에 갔는데 테이블과 좌석이 굉장히 좁더라고요. 잘못 만들었다는 생각을 바로 했어요. 분명 공간을 더 넓게 활용할 수 있었거든요. 그런데도 그냥 있던 상태 그대로 둔 거죠. 제 매장에서 발견했다면 바로 보완했을 거예요.

중요한 점은 안주하지 않고 지속적으로 개선하고 리뉴얼해야 한다는 점이에요. 나중에 돈 벌어서 한 번에 바꾸려고 하면 오히려 큰돈이 들죠. 똑같은 그릇, 식재료, 가구를 사용하면서 '저절로 잘되겠지.'라는 생각을 하면 안 돼요. 손님들이 식상하거나 지루해지지 않도록 환경을 바꿔주는 것이 정말 중요해요. 이런 노력들이 매출 하락을 막아주는 거예요.

요즘 워낙 감각 있는 창업자가 많이 등장하다 보니 경쟁이 더 치열해지겠어요.

실제로 유사 브랜드가 많이 생겼어요. 그런데 제대로 따라오지 못하더라고요. 스케줄은 복합 문화 공간의 성격을 갖고 있는데, 겉으로 흉내 낸다고 따라 할 수 없는 콘셉트거든요. 우

선 큰 규모의 입지를 구하는 것부터 힘들죠. 더불어 음식 구성, 인테리어뿐 아니라 많은 수의 인력도 필요하고 세세하게 신경 쓸 부분이 정말 많아서 엄청난 에너지가 필요해요. 단적인 예로 룸이라는 공간을 운영한다는 건 고객들의 체류 시간이 길어지면서 회전율이 떨어진다는 의미예요. 따라서 메뉴의 단가를 높여야 하죠. 그럼 손님들의 구매력이 하락하게 되고요. 이런 리스크를 파악하지 못한 채 고민을 건너뛰고 겉모습만 따라 하려고 하면 운영이 어렵죠.

창업을 고민하는 많은 사람이 창업 아이템을 선정하는 단계부터 큰 벽에 부딪힙니다. 아이템을 선정하는 기준은 무엇으로 삼아야 할까요?

자신이 잘 아는 분야를 해야 해요. 내가 모르는 분야임에도 '어떤 아이템이 잘되더라.'라는 말에 혹해서 시작하면 절대 안 돼요. 평소 본인이 관심을 갖고 있거나 좋아했던 분야로 뛰어들어야 하죠. 제가 상권 분석을 쉽게 할 수 있었던 이유이기도 해요. 지금 스케줄 지점들이 있는 상권들 모두 제가 평소에 자주 놀러 가던 곳들이에요. 입지를 찾을 때도 모두 그곳에서 찾았어요. 제가 잘 아는 곳이니 사실상 이미 상권 분석이 되어있는 상태였던 거예요. 대부분의 매장은 주말 매출이 중요하거든요. 상권이 좋아야 주말에 매출을 증대할 수 있고 그 수익으로 월세와 인건비를 감당할 수 있어요. 이후 평일 매출로는 안정적인 수익을 창출하는 구조를 만드는 거죠.

이번에는 창업자 본인에게 초점을 맞춰볼게요. 대표의 하루 일정이 어떻게 흘러가는지 궁금해요.

오전에는 주로 청담 본점으로 출근해요. 그날 해야 할 것들을 목록으로 정리한 후 직원들과 회의를 가져요. 음식에 대한 의견과 매장 안에서 개선해야 할 부분을 논의하고 청결과 관련된 부분을 확인해요. 특히 음식은 제가 매일 메뉴 두세 가지씩 먹어봐요. 그렇게 지내면 낮 시간이 다 지나가요. 오후에는 면접도 보고 저녁 영업 준비를 하죠. 저녁에는 손님이 정말 많이 오거든요. 저는 손님들과 직접 소통을 많이 하고 손님 입장에서 느끼는 점들을 정리해서 직원들에게 피드백을 해줘요. 방문한 사람들이 계속 머물고 싶은 매장이 될 수 있도록 만드는 과정이에요. 다른 지점들도 한두 군데 들러서 이런 피드백을 계속 주고 있어요.

하루가 정말 바쁘게 흘러가죠. 정말 매장에만 있다가 하루가 끝나요. 그렇다 보니 개인 생활이 없는 편이에요. 그럼에도 이 상황을 희생이라기보다 시간을 투자한다고 생각해요. 투자할수록 나중에 제 시간이 더 많아질 테니 젊을 때 더 노력하는 중이죠.

제가 이자카야 공감을 처음 창업했을 때는 더 많은 시간을 투자했어요. 지금 스케줄을 운영하면서는 하루에 10시간 정도 할애하지만 그때는 오픈부터 마감까지 직접 했거든요. 오후 1시에 오픈해서 새벽 5시에 마감했어요. 16시간을 일하고 6시쯤 집에 도착해서 자고 아침 11시에 일어나서 씻고 나와 가

락시장에 가서 장을 봐요. 그렇게 재료를 사들고 매장을 오픈하러 갔어요. 하루 세끼를 매장에서 먹고 매장 바로 앞에 있는 카페도 못 갈 정도였어요. 지박령처럼 매장에만 붙어있었죠. 이런 생활을 2년 정도 지속했어요. 매장을 성공시키고 나도 잘돼야겠다는 생각, 어서 빚을 갚아야겠다는 생각밖에 없어서 정말 열심히 살았어요.

그렇게 열심히 일하다 보니 1년, 2년 지나면서 제가 일하는 시간이 16시간에서 12시간, 10시간으로 줄어들더라고요. 시스템이 생긴 거죠. 그때 느꼈어요. 두말할 필요 없이 잘됐다고 생각할 때까지 정성을 쏟으면 나중에 진짜 내 시간이 생길 것이라고요.

어느 정도 사업이 궤도에 오르고 수익이 넉넉해지면 안일해질 수도 있죠. 어떤 식으로 긴장감을 유지해 왔는지도 궁금해요.

많은 빚을 가진 채로 사업을 시작했다 보니 한 달에 몇천만 원 벌어서는 답이 없었어요. 큰 압박감을 가지고 있던 터라 매일 긴장의 연속이었어요. 그러다 보니 아까 말씀드렸듯 매출이 조금만 떨어질 기미가 보이면 예민하게 반응했죠. 조금이라도 이상 징후가 보이면 집요하게 찾아내서 개선했어요. 메뉴별 매출 현황을 보면서 인기 없는 메뉴는 계속 바꿔주고 새로운 메뉴를 개발해서 출시하고. 비수기에는 지인들에게 연락해서 놀러 오라고 연락도 굉장히 많이 돌리고. 매출이 두 달 이상 하락세로 가지 못하도록 막았어요.

사업을 하다 보면 사람과의 관계가 중요한 변수가 되는 경우가 많은데요. 인맥은 어떻게 관리하고 있나요?

제가 열심히 살고 열심히 일하다 보니 성실함에 대한 좋은 소문이 많이 났나 봐요. 사업적인 매력을 느껴서 저와 함께 프로젝트를 하고 싶어 다가오는 사람이 많아지더라고요. 자연스럽게 많은 인맥이 생겼죠. 무엇보다 초반에 방문해 주셨던 지인 손님들이 계속해서 찾아와 주셨어요. 어느 정도 사업이 안정된 지금은 그분들께 베풀려고 해요. 서로 베풀고 나누면서 선순환으로 자리 잡혀가는 과정이라고 봐요.

예전의 저는 철저하게 장사꾼이었거든요. 그렇다고 장사꾼이 나쁘다는 의미가 아니에요. 그런 마인드가 없으면 사업을 할 수 없죠. 지인이 왔다고 이것저것 다 퍼주면 남는 게 없어요. 지인들이 찾아와서 무리한 요구를 하는 경우도 있지만 선을 지키는 것도 중요하고요. 선을 넘지 않는 범위에서 최대한 신경 써주면 돼요. 그 외의 요구를 하나씩 받기 시작하면 본인이 힘들어지고 결국 사업에도 나쁜 영향을 미치는 악순환이 돼요. 저는 그런 장사를 하기 싫어서 실력으로 승부하려 했어요. 가게가 잘되면 무리한 요구를 들어주지 않아도 올 사람들은 오거든요.

결국 일은 사람이 하기 때문에 직원도 중요한 존재죠. 직원을 채용하는 기준에 대해서도 많이 궁금해할 듯해요.

전반적으로는 일에 대한 동기부여를 잘하고 있는지를 봐요. 단순히 하루치의 업무를 하러 출근하는지, 꿈이 있어서 그 꿈을 이루는 과정으로 생각하는지요. 일반 회사원이었다가 사업체를 꾸린 제 모습을 보면서 자극을 받는 직원들도 많거든요. 그런 직원들과 논의해서 함께 일할 사람을 채용하는 거죠.

관리자 직급의 직원을 채용할 때는 너무 예민한 사람은 뽑지 않으려고 해요. 어느 정도 포용력이 있는 사람이 필요해요. 너무 예민하면 같이 일하는 직원들도 힘들어하고 저도 소통할 때 힘들더라고요. 저만의 기준입니다(웃음).

그리고 상위 관리자에게는 충분한 급여를 지급합니다. 저 대신 매장을 책임지고 운영하는 역할을 맡는 사람이잖아요. 직원들을 나무라는 역할도 그 친구가 도맡아서 해요. 저 역시 정말 하고 싶은 피드백은 그 관리자에게만 하면 되고요.

앞으로의 사업 계획을 어떻게 세우고 있는지 궁금합니다.
지금 운영하는 스케줄 매장은 레스토랑, 디저트 카페, 베이커리, 바의 역할을 모두 하는 대형 매장이에요. 앞으로는 중소형 규모의 매장을 중심으로 사업을 확장하고 싶어요. 와인 바일 수도, 피자집일 수도, 카페일 수도 있어요. 각 분야를 나눠 전문 매장을 만들어 보려고 해요.

그렇게 되면 가맹 문의가 더 많아지겠어요.
프랜차이즈로 가맹점을 만들어 보고 싶다는 연락이 정말 많이 와요. 다만 매장 운영에 신경 써야 할 것이 정말 많다고 말

씀드렸듯, 몇십억을 들고 와도 절대 못한다고 말씀드려요. 직접 하면 망한다고 제가 말려요. 스케줄과 같은 매장은 사업 구조상 직영으로밖에 할 수 없어요.

그래서 우회적인 방법으로 다른 이들에게 제 노하우를 전해 주고 싶은 마음이 들더라고요. 프랜차이즈를 위한 브랜드를 별도로 만들어 볼 계획도 있고. 아예 컨설팅 법인을 새로 만들어서 제대로 컨설팅하고 싶은 생각도 있어요. 당장 사업체를 매각해서 몇백억 원을 벌겠다는 욕심은 없거든요. 계속 외식업에 몸담으면서 제 사업과 더불어 다른 창업가에게 도움을 주고 싶어요.

본인에게 창업을 한다는 것은 어떤 의미인가요?

학생이었을 때, 직장인이었을 때 틀에 박혀서 살았어요. 반복적인 삶에 안정만 추구하다 보니 재미도 없고. 저는 리스크를 감당하면서 무언가 성취하는 것을 좋아하거든요. 그 대상이 게임이 될 수도 있고 도박이 될 수도 있었는데, 다행히 창업이 됐어요. 저에게는 사업이 게임이자 도전이고 노는 행위예요. 즐거워서 하는 거예요.

마지막 질문입니다. 창업을 꿈꾸고 있거나 이제 막 창업을 시작한 분들에게 해주고 싶은 말이 있다면 부탁드려요.

매장을 운영하는 사업이라면 매장 관리에 각별한 신경을 쓰면 좋겠어요. 돈이나 시간이 부족하다면서 타협하고 적당히 마무리하는 경우가 많거든요. 비용이 아니라 투자라고 생각해야 돼요. 항상 손님 입장에서 생각해 보면서 인테리어나 메뉴를 느껴봐야 하고요. 특히 음식은 매일 먹어봐야 해요. 그리고 느끼는 데에 그치는 것이 아니라 즉시 고쳐야 해요. 한 번 실망한 손님은 다시 방문하지 않아요. 그러기 위해서는 매일 매장에 나와야겠죠. 매니저에게 맡겨서 운영하면 안 돼요. 직원들과도 굉장히 많이 소통해야 하고요.

더불어 술을 다루는 매장이라면 매장에서 술을 최대한 마시지 말라고 이야기하고 싶어요. 술을 자주 마시면 몸이 피곤해져서 열심히 일하기도 힘들고 직원들 보기에도 좋지 않거든요. 대표가 나와서 매일 술 마시고 있으면 좋게 볼 리 없겠죠. 사업 운영에 집중하면 좋겠어요.

화장실 관리도 꼭 신경 써야 하는 부분이에요. 손님 입장에서 무척 중요한 부분인데 직원들이 소홀히 하는 부분이기도 해요. 서비스도 중요하지만 청결은 서비스만큼 중요해요. 직원들이 청결을 신경 쓰도록 하려면 사장이 매장에 나와서 먼저 신경을 써야 해요.

3년 동안만 버티세요. 3년을 잘 운영하면 시스템이 갖춰져 안정적으로 돌아가요. 그때면 대표 본인도 노하우가 쌓여서 문제가 생겨도 헤쳐나갈 수 있을 거예요. 여유가 생기면 좋은 매니저, 좋은 셰프를 만날 수 있고요. 그전까지는 매장에 매일 나와서 오래 붙어있어야 해요.

무엇보다 자신의 삶을 모두 쏟아부었으면 해요. 쏟아부은 만큼 보상이 올 거예요. 누가 대신해 주지 않거든요. 저 역시 실패하지 않기 위해 긍정적인 강박증을 가지며 나쁜 요소를 미리 차단하고 해결해 왔어요. 다른 가게에 가서 좋았던 점, 나빴던 점을 파악하고 기록해서 매장에 적용해 보기도 하고, 놀러 가더라도 허투루 다녀오는 것이 아니라 자신의 매장에 적용할 수 있는 점을 찾는 것도 중요해요.

직장 다니는 분들 중 혹시 저처럼 직장 생활과 성향이 맞지 않는 분이 계시다면 35세가 되기 전에 반드시 창업에 도전해 보라고 이야기하고 싶어요. 사업을 안정화하고 노하우를 쌓으려면 5년은 필요한데, 40대가 되면 유행에 대한 감각이 떨어지거든요.

PERSON 02
이규호, 엠빌더

창업을 한다는 것은 추월차선을 타는 것

사업은 실행을 통해 빠르게 실패하거나
빠르게 성공하는 거예요.
물론 실패는 성공으로 가는
필수 요소이고요.
포기하면 그때가 끝인거예요.

PERSON 02
이규호, 엠빌더

자기소개 부탁드립니다.

위탁 판매[1]를 비롯해 다양한 아이템으로 사업을 하고 있는 이규호입니다. 2021년 11월에 사업을 시작해 1년 3개월째 운영하고 있어요. 다른 분들처럼 저 역시 부자가 되고 싶었거든요. 그런데 직장에서 받는 월급과 투자로는 제가 생각하는 수준의 소득 범위에 절대 도달할 수 없을 것 같았어요. '돌파구는 창업뿐이겠구나'라는 생각이 들었죠. 처음에는 사업을 어떻게 시작해야 할지 몰라서 유튜브에서 사업과 관련한 콘텐츠를 보고 무작정 따라 했어요. 여러 시도를 통해 저와 잘 맞는 위탁 판매라는 사업을 찾은 덕분에 빠르게 성장할 수 있었고 지금은 제조업까지 사업을 확장했습니다. 위탁 판매로 안정적인 매출이 나온 경험을 기반으로 오프라인 컨설팅도 시작했어요. 수업 만족도가 높다 보니까 수강생이 많아졌고 점차 제 사업에 할애할 수 있는 시간이 줄어들더라고요. 지속적인 시간 투자 없이 돈을 벌 방법을 고민했고, 위탁 판매에 관련한 노하우를 전자책으로 만들어서 판매했어요. 더 나아가 수익률을 더 높일 방법은 없을까 고민하다 동영상 강의까지 만들게 되었습니다.

---

[1] 위탁 판매: 상품의 판매를 제삼자에게 수수료를 주고 맡기는 일

사업의 매출 규모와 마진율이 궁금합니다.

2023년 2월 기준으로 위탁 판매 포함 관계사 총매출이 9억 원 정도예요. 마진율은 평균 25% 정도입니다. 참고로 2022년 연 매출은 2십억 원이었어요.

함께하는 직원은 몇 명인가요? 첫 직원을 언제 채용했는지도 궁금하네요.

저 포함해서 총 일곱 명이에요. 첫 직원은 월 매출 5천만 원을 달성한 후에 채용했어요. 직원에게 월급을 줄 수 있는 재정 상태가 되었다는 판단에 채용했는데, 두 달 뒤에 정리했죠. 처음 채용하는 직원이어서 들뜬 마음이 컸어요. 당장 제 시간을 확보하기 위한 목적에 매몰돼서 충분한 준비와 공부 없이 결정했던 것 같아요. 직원에게 구체적으로 어떤 방식으로 업무를 할당하고 성과를 측정할지, 직원을 어떻게 관리하고 성장시킬지에 대한 준비가 전혀 안 된 상태였거든요. 회사를 운영하는 대표로서 일을 잘 맡기는 것이 얼마나 중요한 능력인지 깨달았어요.

그렇다면 지금의 채용 기준은 어떻게 세워두었나요?

저와 성향이 잘 맞을 것 같은 사람을 우선적으로 보고 있어요. 일반적인 유지 보수 업무와 관련한 포지션이다 보니 편하게 같이 일할 수 있는 점이 중요하다는 생각이 들어서요. 지금 당장은 폭발적인 성과를 내는 사람보다 제가 더 좋은 성과를 낼 수 있도록 제 시간을 확보해 줄 수 있는지 보고있어요.

직원들의 직무는 어떻게 구분되어 있는지도 궁금해요.

크게 두 가지로 나뉘어 있습니다. 첫 번째는 저희가 운영하는 여러 가지 사업체의 유지 및 보수 관련 직무이고 두 번째는 매출 향상을 위한 직무예요. 전자는 여러 판매 채널에서의 주문 처리와 고객 응대 업무를 하고, 후자는 지속적인 매출 향상을 위한 마케팅 혹은 콘텐츠를 기획합니다.

직원 급여를 산정하는 부분에서도 고민이 많았을 것 같아요.

처음에는 최저 시급을 기준으로 산정했어요. 주 40시간을 기준으로 일의 강도를 고려한 거예요. 지금은 좀 다른데요. 사업을 유지 및 보수하는 직무는 채용 플랫폼에서 업계 평균 금액을 확인한 후 산정합니다. 사업 확장에 기여하는 직무는 협의를 하고요.

위탁 판매로 사업을 시작한 특별한 계기가 있나요?

사실 초기 단계에서는 위탁 판매 외에도 여러 시도를 했어요. 정말 생각지도 못한 다양한 방식으로 돈을 벌 수 있더라고요. 쿠팡 파트너스[2], 소셜 미디어, 블로그에 콘텐츠를 업로드하고 조회 수를 높이는 일, 중고나라 거래 등. 작은 규모로 시작해 바로 수익화할 수 있는 일 위주로 시도했어요. 사업을 하려면 큰돈이 필요하고 실패하면 인생이 망가질 수 있다는 두

---

2 쿠팡 파트너스: 쿠팡에서 운영하는 제휴 마케팅 프로그램. 쿠팡 파트너스에 가입한 후 자신의 블로그나 소셜 미디어에 쿠팡 상품 링크를 공유하고 구매가 발생하면 수수료를 받을 수 있다.

려움을 느꼈던 것 같아요. 그래서 비교적 적은 자본이 들고 사업 노하우가 많이 공유되어 있는 분야를 집중적으로 찾아봤죠. 그중 하나가 위탁 판매였고, 수익과 효율이 가장 좋아서 집중했어요.

사실 위탁 판매 시장이 레드오션[3]이라는 의견도 많았죠.

레드오션이 아닌 적이 없죠(웃음). 사람들이 레드오션이다, 블루오션[4]이다 말하는 것보다 내가 이 시장에 진입했을 때 돈을 얼마나 벌 수 있는지가 중요했어요. 레드오션의 의미도 반대로 받아들였죠. 레드오션이라는 것은 공략해야 할 명확한 시장이 있다는 뜻이고 약간의 차별점만 있다면 어느 정도 수익을 얻을 수 있거든요. 물론 많은 사람이 시도하고 실패하기도 하지만 성과를 보는 사람도 많고 학습을 위한 정보가 정말 많아요.

그렇다면 시장에서 빠르게 성장할 수 있었던 대표님 본인의 경쟁력은 무엇이라고 생각하나요?

경험이요. 외부에서 보기에 제가 빠르게 성장하긴 했지만 요행으로 쉽게 성장했다고 생각하지는 않아요. 사업을 하기로 처음 마음먹었을 때 저에게 경험이 없다는 사실을 먼저 인지

---

3 레드오션(Red ocean): 이미 잘 알려져 있어서 경쟁이 매우 치열한 특정 산업 내의 기존 시장

4 블루오션(Blue ocean): 현재 존재하지 않거나 알려져 있지 않아 경쟁자가 없는 유망한 시장

했어요. 그리고 이렇게 경험이 없는 상태에서 베테랑들이 많이 모여있는 시장에 도전하는 것은 무모하다고 생각했죠. 그래서 초기 창업 비용이 적고 참여자들의 실력 차이가 크게 나지 않는 시장을 공략했던 거예요. 쉽게 말해서 성실성으로 승부를 볼 수 있는 시장이었죠. 블로그, 유튜브, 틱톡, 쿠팡 파트너스, 중고나라, 위탁 판매 등 많은 저비용 비즈니스 모델을 시도했습니다. 사업별로 어느 정도 경험치를 쌓은 후 이 경험들을 혼합하기 시작했어요. 제가 시도했던 작은 비즈니스들을 서로 엮으면서 더 높은 수익 효율을 낼 수 있는 시장으로 빠르게 올라갈 수 있었죠.

사업의 방향성을 찾을 수 있는 다양한 경험이 중요하네요.

맞아요. 제 주변에 직장을 다니면서 창업을 꿈꾸는 친구들에게 이렇게 조언해요. 어떤 형태의 서비스든 사람들에게 제공하고 성과를 달성하는 경험을 해보라고요. 성과라는 게 돈이 아닐 수도 있어요. 어떤 형태든 특정 시장과 상호작용해 사람들의 반응을 경험해 보는 과정이 반드시 필요하다고 생각하거든요. 사람들의 니즈가 무엇인지, 어떤 방식으로 수익화가 가능한지, 이미 수익을 내고 있는 사람들은 어떻게 운영하고 있는지, 추가로 개선할 부분은 무엇인지 고민해 볼 수 있는 시간이죠. 본인의 성향과 사업의 형태가 잘 맞는지도 알 수 있고요.

조언을 듣고 실행하는 분들의 비율은 어느 정도인가요?

10%도 채 안 돼요. 여기서 차이가 발생하는데요. 서비스를

한 개도 판매해 보지 않은 친구는 여전히 무엇을 어떻게 판매할지 고민만 하고 있어요. 반면 빠르게 실행해서 한 번이라도 판매해 본 친구는 다음 단계로 넘어가요. 이미 한 개를 판매해 봤으니 '어떻게 하면 열 개, 백 개를 판매할 수 있을까?' 고민하는 거죠. 두 명의 차이는 한 단계가 아니라 아예 다른 차원의 격차가 돼요. 후자의 친구는 자연스럽게 노출과 유입 같은 더 실질적인 마케팅 영역을 공부하게 되죠. 이렇게 빠른 실행이라는 작은 차이가 큰 차이를 만들어내는 것 같아요.

본인이 했던 여러 실험과 시도 중 큰 타격을 입을 정도의 실패도 있었나요?

아니요. 처음부터 위험이 적고 비용이 낮은 사업으로 시작하기도 했고, 지금도 회사 재정 상태에 비해 비용을 적게 소모하는 구조의 사업을 하고 있습니다. 타격이 적은 실패는 오히려 좋은 기회라고 생각하거든요. 경험을 얻을 수 있으니까요. 심지어 빠르게 실패하는 게 더 좋을 수도 있다고 봐요. 부족한 부분을 학습하는 과정에서 새로운 시도를 하는 횟수가 많아진다면 결국 실력이 쌓여 훌륭한 결과가 나올 거예요. 물론 너무 잦은 실패는 자신감이 떨어질 수 있으니 조심해야겠죠 (웃음).

사업을 지속할 수 있게 만드는 동기 부여가 무엇인지 궁금해요.

처음 사업을 시작할 때의 원동력은 '직장에서 받는 월급으로는 절대 부자가 될 수 없겠다'는 생각에서 오는 절망감이었어요. 그래서 퇴사할 때까지 저녁 시간을 모두 할애해서 사업 준비를 했고, 퇴사하고도 하루에 네 시간만 자면서 일했어요.

지금은 그때와는 동기 부여의 원천이 달라졌어요. 당시보다 더 많은 돈을 벌지만 만족스럽지 않더라고요. 현재는 이상과 현실사이에서 발생하는 격차가 저에게 동기 부여가 돼요. 격차를 줄이는 과정을 즐기며 매일 기록하고 있어요. 목표를 달성하면 바로 새로운 목표를 세우면서 스스로 성장해 가고 있다고 생각해요. 결국 창업가는 진정으로 원하는 것이 무엇인지, 어떤 삶을 살고 싶은지 본인에게 물을 수 있어야 해요. 그에 따라 사업의 목표를 정하고 계획을 세울 때, 현실과 이상 사이에서 발생하는 차이를 동기부여로 삼을 수 있죠.

직장에 다닐 때보다 더 많은 돈을 벌게 되면 자만감이 생길 수도 있겠어요.

자연스러운 감정이라고 생각해요. 주기적으로 느끼는 감정이라서 억압하기보다는 자연스럽게 받아들이려고 합니다. 그런 감정을 느낀다는 것 자체가 사업을 잘하고 있다는 증거이기도 하고요. 물론 자만감이 안일함과 나태함으로 이어지지 않도록 경계해야죠.

갑자기 부자가 되면 물질적 가치관이 바뀌기도 하잖아요.

저도 부자들의 사고방식에 관심이 많아요. 물질적인 부분을 대하는 다양한 방식을 보고 어느 정도 가치관을 확립했죠. 저는 소득을 늘려 부자가 되고 싶었기 때문에 사업을 시작했어요. 그래서 저축보다는 사업 소득을 늘리는 것에 집중하고 있습니다.

다만 지출은 월 단위로 통제하고 있어요. 지출을 통제한다는 것은 특정 비용을 지불하고 내가 얻는 것이 무엇인지 고민해 보는 과정이에요. 합리적인 판단이었는지 스스로 피드백을 합니다. 꾸준히 스스로를 경계하는 태도를 갖는 것이 최고의 방법이라고 생각하고요.

사업이 가파르게 성장하면 직원들도 수익 분배에 많은 관심을 가질 듯해요.

수익을 금액으로만 인식하는 것이 아니라 목표를 달성하며 성장한 결과라는 점에 초점을 맞춰 소통하고 있어요. 수익이 대표에게만 집중되지 않는다는 점도 자연스레 느끼게 하죠. 물론 회사 매출 증가에 큰 기여를 한 직원에게는 반드시 금전적인 보상을 하고 있고요.

여러 아이템으로 사업을 하는 만큼 마케팅 전략도 다양할 것 같아요.

크게 다르지 않아요(웃음). 쉽게 생각해 보면 어떤 아이템이든 노출과 설득, 두 가지 영역으로 나뉩니다. 노출은 말 그대로 온라인에서 최대한 많은 사람이 우리 제품을 볼 수 있도록 노출하고 유입을 유도하는 부분이에요. 설득의 영역은 노출을 통해 들어온 사람들을 설득해서 제가 원하는 제품 및 서비스를 판매하는 것이죠. 예를 들어 제 강의 영상을 판매한다고 하면 우선 제품을 알리기 위한 홍보용 콘텐츠를 만듭니다. 잠

재 고객에게 더 효과적인 노출과 유입 방법이 무엇인지 여러 유형의 콘텐츠로 소구점[5]을 검증해 보겠죠. 다양한 채널에서 실험해 볼 수도 있고요. 비용이 드는 유료 광고, 비용이 들지 않는 네이버 카페, 블로그, 커뮤니티 등으로요. 그다음이 이렇게 유입된 사람들을 설득하는 과정입니다. 상세페이지의 내용과 구매 고객들의 리뷰가 큰 역할을 해요. 모든 마케팅이 이렇게 큰 두 가지 범주로 나뉜다고 생각합니다. 위 과정에서 얻어지는 데이터를 활용해 정량적인 분석을 하면서 효율을 높여가고요.

마케팅의 범주를 살펴봤을 때, 모든 사업에 적용할 수 있는 정답이 있다고 생각하나요?

가끔 저에게 마케팅에 관한 도움을 구하는 지인들이 있는데 방향성에 의견을 줄 수는 있어도 명확한 답변을 해줄 수는 없습니다. 마케팅에 정답은 없으니까요. 대응의 영역이라고 생각해요. 마케팅의 결과는 수치로 확인할 수 있는데요. 이러한 데이터를 바탕으로 어떻게 대응하는지에 따라 다른 결과가 나올 수 있어요. 대응 방식도 모두 달라요. 광고를 보고 유입된 사람들이나 잠재 고객 특성에 따라서 데이터를 분석하는 관점이 달라지니까요. 정답을 찾기보다는 우선 마케팅의 기본 지식을 공부하고 배운 것을 활용해 보길 바랍니다. 여러 가설을 검증하는 과정을 거치면서 자기 사업에 맞는 마케팅 전략을 찾으면 좋겠어요. 결과를 해석하는 사고 과정에 대해

---

5 소구점: 제품이 갖고 있는 고유한 강점 혹은 경쟁사 제품과 차별화되는 점

피드백해 줄 수 있는 사수를 찾는 것도 좋은 방법이에요. 한 번이라도 피드백을 받으면 자신의 사업에 적합한 마케팅 방향을 더 빠르게 찾을 수 있어요.

초기 창업 자금에 대해 이야기해 볼게요. 어느 정도 규모로 시작하셨나요?

1천만 원이에요. 오픈마켓[6]에서 수익을 정산해 주기 전까지 사업을 유지하는 데 필요한 비용이었어요. 지금 시작한다면 3백만 원으로도 할 수 있을 듯해요. 요즘은 정산을 먼저 해주는 플랫폼들이 생겼거든요. 물론 수수료가 붙습니다(웃음).

초기 자금 보유 정도에 따라 사업 성공에 대한 부담감도 다를 듯해요.

경험과 실력이 없는데 비용이 많이 드는 사업을 시작하는 것은 위험하다고 생각해요. 자연스럽게 빠른 수익을 바라고, 계획대로 되지 않으니 조급해지면서 악의 순환고리로 빠질 수 있으니까요. 그래서 저는 저비용으로 여러 번의 시도를 통해 작은 성취 경험을 쌓는 것이 중요하다고 봐요. 자신의 사업 역량을 검증한 후 투자와 비용을 점차 높이는 것이 가장 빠르고 안전한 방법이라고 생각합니다.

---

[6] 오픈 마켓(Open market): 기존의 온라인 쇼핑몰과 다르게 다수의 개인 판매자들이 인터넷에 직접 상품을 올려 판매하는 온라인 마켓플레이스. 대표적인 오픈 마켓은 G마켓, 옥션, 11번가 등이 있다. 오픈마켓에서 판매자에게 정산을 하기까지 소요되는 기간은 약 10일에서 60일 정도이다.

직장을 다니면서 적은 비용으로 사업을 시작했지만 만족스러운 수익을 얻지 못하는 분들도 있을 텐데요.

직장을 다니면서 사업을 하는 것이 오히려 더 좋은 환경이라고 생각합니다. 일례로 대기업에 다니면서 창업을 하고 싶어 하는 친구가 있는데요. 충동적으로 퇴사하고 창업하는 것이 아니라 먼저 자신이 창업해도 되는 사람인지 확신하고 싶어 했어요. 그 친구의 강점을 살펴봤죠. 취업할 당시 대기업 여러 곳에 합격했더라고요. 성과가 좋았던 이유는 자기소개서가 훌륭하고 면접을 잘 봤기 때문이었어요. 그래서 자기소개서를 첨삭하는 서비스를 판매해 보라고 했어요. 처음에는 '이게 과연 팔릴까?'라는 고민을 정말 많이 하더라고요. 그래서 제가 크몽과 같은 프리랜서 구인구직 플랫폼에서 여러 사례를 찾아서 보여줬어요. 물론 처음에는 실력이 검증되지 않았으니 저렴한 가격으로 시작했죠. 한 달 정도 지났을 때는 주문이 너무 많이 들어와 퇴근 후 시간을 모두 투자해도 부족할 정도가 됐고요. 이후 가격을 인상하며 첨삭 서비스 수익의 적정선을 찾았어요.

앞선 사례를 보면 직장에 다니기 때문에 물리적인 시간의 제약이 있었어요. 그래서 퇴근 후 시간을 알차게 사용하고자 했고, 자신이 잘하거나 관심이 많은 것이 무엇인지 고민했죠. 새롭게 알아보고 배울 시간이 없으니까요. 그렇게 찾은 아이템으로 수익을 내고 수익률을 높이는 방법을 찾고 실행했습니다. 수익률이 낮은 것은 시간 또는 자금이 아닌 방향성의 문제예요.

그 친구분의 다음 단계는 어떻게 진행되고 있는지 궁금해요.

시간의 제약을 받지 않으면서 사업을 할 수 있는 단계로 진입했어요. 24시간 동안 제품을 판매할 수 있는 시스템을 만들었죠. 자기소개서 작성 기술과 면접 기술을 담은 전자책을 여러 온라인 채널을 통해 지속적으로 판매하고 있어요. 판매가 잘 되더라고요(웃음).

다시 대표님에게로 초점을 맞춰보겠습니다. 하루를 어떻게 보내나요?

평일은 아침 10시 전에 출근해서 식사 시간을 제외하면 종일 업무를 봐요. 잠은 새벽 2시쯤 자고 주말은 휴식을 취하면서 자유롭게 일하기도 해요.

사업에 도움을 줄 수 있는 사람들과의 관계 유지를 위해 어떤 노력을 하는지도 궁금해요.

인맥이 사업에 도움이 된다고 생각하지만 사업가 모임과 같은 인적 네트워크에 시간을 투자하지는 않아요. 인맥을 통해 좋은 기회가 생길 수도 있지만, 우선 자신의 가치에 대한 확신이 스스로 있어야 하고 그 증명이 선행돼야 해요. 결국 인맥도 서로 주고받는 것이 있어야 유지되니까요. 냉혹할 수도 있지만 필요에 의해서 형성된다고 생각합니다. 즉, 내가 필요한 사람이 되는 게 우선이고, 이는 자신의 성과를 통해 증명할 수 있겠죠.

인맥 관리라는 개념과 별개로 사업 전반에 대해 알려준 사수가 있었나요?

그럼요. 다만 사람들이 생각하는 사수와 그 개념이 달라요. 롤모델에 가깝죠. 직접적인 도움을 받은 게 아니라 그 사람처럼 되려고 노력했어요. 우선 그 사람의 사업 방식을 철저히 조사했어요. 어떤 방법으로 사업을 성장시켰는지 모든 과정을 찾아보고 데이터로 기록했죠. 그 사람이 평소 말하는 내용과 사업에 대한 접근법, 비즈니스 철학, 성공 요인을 유추해서 저의 상황에 적용하려고 했어요. 사업에 정답은 없지만 중요한 의사결정 순간에 이런 노력이 빛을 발하는 것 같아요.

내가 하고 싶은 사업을 하고 있으면서 유튜브 혹은 블로그와 같이 그 사람의 생각을 엿볼 수 있는 자료가 많은 분을 롤모델로 삼으면 좋아요. 자신의 성향과 비슷한 사람이면 더욱 좋겠죠. 많은 분이 사수 혹은 멘토 찾는 것을 어렵다고 이야기하는데요. 앞서 제가 시도한 방법을 한번 실천해 보면 그렇게 어렵지 않다는 것을 느낄 수 있어요.

앞으로의 사업 목표가 궁금합니다.

올해 사업 목표 중 하나는 연 매출 1백5십억 원을 달성하는 것이고 다른 하나는 지금 운영 중인 위탁 판매 및 건강식품 브랜드를 포함해 총 다섯 개 브랜드를 선보이는 거예요.

창업을 막 시작하려는 분들 혹은 창업에 고민이 많은 분들에게 조언을 부탁드려요.

두 가지를 말씀드리고 싶어요. 많은 분이 자금에 대한 걱정을 많이 하는데요. 사업을 시작할 때 많은 자금을 보유한다고 해서 반드시 그 사업이 성공하는 것은 아니에요. 사업은 실행을 통해 빠르게 실패하거나 빠르게 성공하는 거예요. 물론 실패는 성공으로 가는 필수 요소이고요. 포기하면 그때가 끝인 거예요. 결국 실패해도 다시 시도할 수 있을 만큼의 자본으로 사업을 시작하고, 그 과정에서 이뤄지는 경험과 공부가 가장 중요하다고 말씀드리고 싶습니다.

두 번째는 위기가 닥쳤을 때에 관한 것이에요. 사업을 하면 크고 작은 위기의 순간이 찾아옵니다. 일이라는 것이 늘 계획대로 되지는 않죠. 하지만 이런 상황에 대응하는 태도가 중요해요. 이런 문제는 여러분만 겪는 것이 아니거든요. 어떤 성과를 얻는 과정에서 위기에 맞닥뜨렸다면 그 사람은 경쟁자들보다 빠르게 성장할 수 있는 기회를 만난 겁니다. 매 순간의 위기는 내가 더 빠르게 성장하는 발판인 동시에 경쟁자를 앞지를 수 있는 기회의 순간이라고 생각하면 좋겠어요.

마지막 질문입니다. 창업을 한다는 것은 본인에게 어떤 의미인가요?

'지금 나의 인생의 운전대를 잡고 인도, 서행 차선이 아닌 부의 추월차선으로 올라타라!'라는 문장이 떠올라요. 창업하기 전 사업을 알기 위해 처음으로 읽었던 『부의 추월차선』이라는 책에 나오는 내용인데요. 저는 창업을 한 순간부터 제 인생을 온전히 통제하며 주체적으로 살아가기 시작했어요. 제 삶의 최고의 가치를 추구하기 위해 매 순간 도전하며 살아갈 수 있게 만든 것이 바로 창업입니다.

PERSON 03
이미소&최동녘, 농업회사법인 밭(주)

창업을 한다는 것은 농부가 되는 것

어느 순간에는
창업에 도전해 보기를 권해요.
단지 생업이라는 측면을 넘어서서
인생을 살아가는 데
빠짐없이 도움이 되거든요.

PERSON 03
이미소&최동녘, 농업회사법인 밭(주)

자기소개 부탁드립니다.

동녘: 안녕하세요. 최동녘입니다. 저는 농대를 졸업하고 23살이던 2013년부터 양구에서 유기농 유통법인을 운영했습니다. 지금은 춘천에서 감자빵을 만들고 있습니다.

미소: 농업회사법인 밭 주식회사의 이미소라고 합니다. 2016년에 춘천에 와서 약 3년 반 동안 1인 기업으로 운영하다가 동업자인 최동녘 대표님을 만난 후 법인화했어요. 많은 분이 감자빵을 만드는 '카페 감자밭'으로 알고 계세요(웃음).

우선 감자밭 이전의 창업 이야기로 시작해 볼까요.

미소: 23살에 첫 창업을 했어요. 호주에서 워킹홀리데이를 통해 번 돈으로 프랜차이즈 사업을 시작했어요. 아버지가 운영하시던 닭갈비집을 프랜차이즈로 만들 계획이었어요. 정부에서 지원하는 유망 프랜차이즈 지원 사업에 합격해서 바로 본사 설립을 했죠. 지금 생각하면 아찔할 정도로 무모하고 위험했어요. 프랜차이즈 사업은 시스템을 만들어 팔아야 하는 사업인데, 단지 '닭갈비가 맛있으니 잘 팔면 되겠지.'라는 생각만으로 접근했었죠. 심지어 가맹점을 두 곳이나 냈는데 오래가지 못했어요. 기초적인 상권 분석조차 하지 않았거든요. 다시 생각해도 그 어린 나이에 무슨 생각으로 덤벼들었는지 신기해요.

미소: 이후 다시 학업에 열중하다가 패스트트랙아시아 박지웅 대표님이 주관하신 스타트업 캠프에 참여하게 됐어요. 그곳에서 창업에 대한 열정을 다시 발견하고 언더독스라는 창업 교육 기관에서 교육을 받은 후 한 스타트업에 취업했어요. 창업하고 싶은 마음을 한편에 쌓아가며 회사에서 6개월 정도 일하다가, 25살 겨울에 아버지의 부름을 받고 춘천으로 오게 됐죠.

'밭'이라는 사업자명과 더불어 '감자밭'이라는 카페 이름도 흥미로워요.

미소: 코파운더인 동녘 님이 본래 '밭'에 대해 주제 의식을 갖고 있었고, 저는 감자를 다루고 있으니 자연스레 합쳐진 것 같아요. 감자라는 한 가지 분야에 날카로움을 지녀야겠다는 생각도 있었고요. '밭'이라는 법인명 역시 많은 고민을 거쳤어요. 카페가 잘 운영되고 법인화를 고민하는 시점이었을 거예요. 법인이 출범하면 이 사업은 개인의 것이 아니라 공동체가 함께 운영해 나가야 하는 만큼 어떤 기업가가 될 것인가에 대한 질문이기도 했어요. 결국 개인적으로 많은 돈을 벌어 떵떵거리며 살기보다 더 규모를 키울 수 있는 기업가가 되기로 합의했어요.

미소: '밭'이라는 법인명엔 세 가지 의미가 있어요. 농작물이 자라는 터, 구성원 모두가 성장할 수 있는 터, 개개인의 마음의 터. 지금의 사업을 시작한 데에 여러 이유가 있지만, 그중 농촌의 청년 유출 문제를 해결하기 위한 의도가 컸거든요. 품

종의 다양성, 식량 주권 등도 농가 소득에 영향을 미치지만 청년 유출이 가장 뼈아프게 다가오는 부분이에요. 서울에서는 한 명이 있으나 없으나 큰 문제가 없잖아요. 반면 농촌에서는 한 사람이 그 지역에서 할 수 있는 역할이 정말 커요. 그 지역 사람들의 삶의 질을 바꿀 수 있을 만큼. 거꾸로 말하면 한 명이 없어지면 너무나도 큰 타격을 받는다는 의미죠.

미소: 어떻게 청년들을 이곳으로 오게 할 수 있을지 고민했어요. 보통 지자체에서는 해당 지역에서 취업하거나 출산하면 지원금을 주는데요. 청년들이 그것 때문에 연고를 옮길 것 같지 않았어요. 저만 해도 단지 돈 더 준다고 옮기지는 않을 거거든요. 청년들에게는 자신이 성장할 수 있는 곳인지가 중요하다는 결론을 내렸어요. 더불어 자신의 가치관과 맞는 회사인지도 중요하고요. 농작물이 자라는 밭처럼 구성원 모두가 이곳에 와서 뿌리내리고 성장할 수 있는 터가 되었으면 하는 의미를 담아 '밭'이라 지었어요. 자연스레 가치관이 맞는 밭에서 자신의 마음의 밭도 가꿀 수 있을 테고요.

춘천으로 온 직원들에게는 어떤 혜택을 주고 있나요?

미소: 사업 초반에는 저희가 그들에게 무엇을 지원해 줘야 한다고 생각했어요. 그래서 지키지 못할 약속들을 하기도 했고요. 출퇴근할 때 사용할 수 있는 차를 지원한 적도 있어요. 저는 차가 없어도 직원들에게는 중고차를 계속 사줬던 거죠. 나중에는 직원수가 50명, 100명이 되니 제가 책임질 수 없는 말이 되어버린 거예요. 비슷한 맥락으로 기숙사와 공과금까

지 제공했어요. 결국 지속하기 어렵더라고요. 회사가 추구하는 가치에 타협하지 않는 선에서 그들에게 성장할 수 있는 기회를 주는 방향성이 맞다는 결론을 내렸어요. 직원을 단순히 톱니바퀴로 취급하지 않고 그들이 진정으로 회사와 같이 성장할 수 있도록. 기존의 혜택을 갑자기 바꿔버리면 직원들 입장에서도 당황스러울 수밖에 없겠다는 생각에 충분히 설명했어요. 본질은 변하지 않을 것이며 왜 이렇게 바꾸려 하는지에 대해서요. 나중에는 채용 공고에서도 번지르르한 복지 제도를 삭제했어요. 의미가 없더라고요. 회사다운 회사로 존속하기 위한 것에 집중하기로 했죠.

함께 사업을 하다 보니 1인 대표가 운영하는 사업의 의사결정 구조와는 또 다를 듯해요. 사업에서의 역할 분담을 어떻게 하고 있나요?

미소: 둘이 역할을 나누기까지 정말 힘들었어요. 보통 창업가를 잡부라고 표현하잖아요(웃음). 좋게 말하면 다재다능한 거지만, 사실 모든 일의 시작부터 끝까지 도맡아서 하는 사람이니까요. 감자 씨앗을 심는 것부터 감자빵을 만들고 포장하는 것까지 다 저희 몫이었어요. 이렇게 정신없는 상황에서 서로의 역할을 나누는 건 너무 힘들더라고요. 그렇다고 계속 그 상황을 유지하기에는 지속 가능하지 못하고요.

동녘: 저는 어릴 적부터 쭉 농촌에서 지냈는데요. 브랜드가 농촌을 흉내 내기보다는 농부의 진정성을 표현하기를 원했어요. 그래서 결국 저는 회사 내부적으로 CCO Chief Creative

Officer 역할을 맡았어요. 기획은 제가, 전략은 미소 대표님이 맡았죠.

임직원 포함 총인원은 어느 정도 규모인가요?

미소: 2023년 초 기준으로 186명이 함께 일하고 있어요. 약 2년이라는 기간 동안 연간 80명씩 입사한 꼴이에요.

짧은 기간에 인원이 많이 늘다 보니 경영적인 측면에서 어려움도 있었을 듯해요.

미소: 사내 규칙이 없던 상황에서 새롭게 규칙을 만드는 것도 힘들었는데요. 새로 만든 규칙을 적용하며 실행하는 것이 더 힘들었어요. 2022년 한 해에 86명이 입사했는데, 단순 계산해도 한 달에 7명 정도 들어온 수준이잖아요. 채용이 뜸한 1월과 12월을 빼면 한 달에 10명 넘는 인원이 들어올 때도 있었어요.

동녘: 그래서 한두 달 차이로 선임이 되어버리는 거죠(웃음). 1년 전에 들어온 사람은 상무인데 이제 막 들어온 사람은 사원인 경우도 있고요. 서로의 역할과 책임이 모호한 상태가 지속되거나, 업무를 파악하고 따라오는 속도의 차이가 생기기도 하더라고요. 이러한 점들을 완화하기 위한 규칙을 만드는 것이 어려웠어요. 초반에는 인원수에 따라서 조직이 구성되었다면, 지금은 회사의 방향성에 조직을 맞추고 있어요.

잠시 사업 초창기로 돌아가 볼게요. 지금의 사업을 시작할 때 투자했던 초기 창업 자금은 어느 정도였나요?

동녁: 지금 카페 감자밭이 위치한 건물과 정원 부지 모두 장인어른이 갖고 계셨던 자산이에요. 추후 강가 쪽 땅은 제가 영농후계자 자금으로 매입했어요. 새롭게 카페를 시작할 때 인테리어 등에 1천5백만 원을 사용했어요. 대신 저와 친구가 20일 동안 직접 인테리어 시공을 했죠. 그리고 5백만 원 정도는 정원을 가꾸고 온실을 만들고 꽃 씨앗을 구매하는 용도로 사용했어요. 총 2천만 원 정도가 저희의 첫 창업 자금이라고 볼 수 있죠.

미소: 감자라는 작물도 그렇고 장소도 그렇고 부모님께서 그간 해오셨던 기반이 없었다면 불가능했을 거예요. 그런 의미에서 저희도 창업 자금을 말 그대로 투자라고 생각했어요. 개인 사업자에서 법인으로 전환할 때까지 개인적으로 가져가는 돈 없이 지분으로만 보유했어요. 월급을 받지 않고 계속 재투자했기 때문이죠. 지금도 자산의 99%가 회사 지분이고요. 워낙 정신없이 일해왔던 터라 법인으로 전환한 이후에도 1년이 넘어서야 첫 월급을 받았을 정도예요.

쉽지 않은 의사결정이었을 듯해요.

미소: 저희는 워런 버핏Warren Buffet과 유한양행을 설립하신 유일한 박사님을 존경하는데요. 두 분 모두 이상주의자로서 이상을 구현하신 분들이죠. 저희도 모두 이상주의자라서 지금까지 함께 사업을 해올 수 있던 것 같아요. 둘 중 한 명이라

도 현실주의자였으면 힘들었을 거예요.

미소: 특히 워런 버핏이 창업자의 모든 자산을 회사 지분으로 두라고 했던 말에 감명받았어요. 워런 버핏도 90세가 넘도록 정정하게 회사를 운영하며 왕성하게 투자하고 있는데, 그 나이에 비하면 저희는 아직도 한참 남았으니까요. 버크셔 해서웨이Berkshire Hathaway나 파타고니아Patagonia 같은 기업처럼 철학을 실제로 구현해 내는 회사로 만들고 싶은 욕심이 있어요. 그동안 한국 기업들이 세계적으로 저평가받는 측면이 있었는데, 코로나 사태 속에서 퍼스트 무버the first mover로 발돋움하는 사례를 보면서 저희도 세상에 없던 것을 만들어내겠다는 포부를 품게 됐어요.

반대로 현시점에서 돌아봤을 때 하지 않았으면 좋았을 아쉬운 점이 있나요?

동녘: 잠깐 과거를 훑어보며 생각해 봤는데 후회가 없어요. 그때 그 실수를 하지 않았다면 지금 여기까지 올 수 없었을 거예요. 심지어 감자빵 맛이 원하는 대로 나오지 않아서 모두 폐기했던 적도 몇 번 있거든요. 또 단일 투자금액으로 5억 원, 1십억 원씩 들어갔던 프로젝트가 실패로 돌아갔던 경우도 있었고요. 그런 선택들도 후회하지 않아요.

미소: 단 하나 후회되는 점은 감자빵으로 성공한 뒤 다른 카테고리로 손을 뻗쳤던 거예요. 콩빵, 감자 우유, 감자 아이스크림, 사과밭 등 카테고리를 확장했어요. 그런데 준비되지 않

은 상태에서 우후죽순으로 늘리다 보니 우리조차 무엇을 하고 있는지 모르는 상황이 된 거예요. 사람들은 메뉴판에 막국수 하나 있는 집을 막국수 맛집으로 생각해요. 막국수도 팔고 육회 비빔밥도 팔고 들깨 수제비도 팔면 막국수 맛집이 아니라고 생각하죠. 심지어 감자를 가지고 만들었던 다른 상품들의 맛도 그리 뛰어나지 않았고요(웃음). 다양한 브랜드를 갖고 싶다는 욕심이 조급증으로 나타났던 것 같아요. 아무리 유명해졌다고 해도 감자빵을 모르는 사람이 전 국민의 95% 이상일 텐데, 하나의 상품도 제대로 갖추지 못한 상태에서 다른 데 눈을 돌렸던 것이 가장 아쉬운 부분이에요. 그래서 제가 브랜딩 강의를 할 때에도 브랜딩의 첫 번째는 관계이고 그다음은 뺄셈이라고 말해줘요.

말씀 주신 바와 같이 하나의 브랜드를 뾰족하게 날을 세워 운영한다는 건 큰 장점입니다. 반면 해당 카테고리에 브랜드를 한정하면 타깃 시장의 전체 크기가 줄어드는 단점도 있어요.

미소: 맞아요. 다만 옳고 그름의 문제라기보다 우리 회사가 할 수 있냐 없냐의 논점이라고 봐요. 당시 우리는 여러 카테고리를 동시에 운영할 수 없는 회사였던 거예요. 제가 정말 유능했다면 모두 성공할 수도 있었겠죠. 한정된 자원을 가지고 가늠할 수 없는 무한의 적들과 싸워야 했기에 우리는 감자빵 하나에 집중하기로 했어요. 저희가 투자를 받는 과정에서도 이런 학습 과정이 큰 역할을 했고요.

미소: 약 1년 반 동안 카테고리를 여러 개로 늘려도 보고 작

년보다 영업이익률이 떨어지는 과정까지 모두 지켜본 투자사가 결국 큰 규모로 투자해 줬어요. 우리 회사의 가능성을 확인할 수 있었다고 하더라고요. 아직 우리 회사가 감당하지 못해서 도전하지 못하는 시장일 뿐이지, 역량을 쌓으면 충분히 경쟁력을 갖추고 시장에 진입할 수 있다는 의미로 받아들였어요. 가능성은 열려있기 때문에 조급한 마음을 가질 필요가 없다고 생각해요.

창업 초기에 마케팅과 홍보를 어떤 식으로 진행했는지도 궁금합니다.

미소: 글로벌 명품 기업인 LVMH의 베르나르 아르노 회장이 'We don't Do marketing.'이라고 했던 말이 인상 깊었어요. 저희 회사 내부적으로도 마케팅 팀이 없어요. 오가닉 마케팅 organic marketing이라는 용어가 있듯이, 인위적이지 않고 자연스럽게 사람들에게 알릴 수 있는 홍보 방법을 추구해요. 그리고 그 파급력이 종국에는 더 클 것이라는 생각이고요. 처음에는 한 명이 알게 되고 그 한 명이 또 다른 한 명에게, 두 명이 또 다른 두 명에게, 네 명이 또 다른 네 명에게 알리면 나중에는 기하급수적으로 소문이 퍼질 거예요. 카페 감자밭을 찾아오셔서 이 공간을 경험하신 분들에게 근원적인 만족감을 드리면 자연스레 널리 퍼진다고 생각해요. 한 명, 한 명과의 관계를 소중하게 여기면 추후에 큰 보답으로 돌아올 거라는 생각이 있죠. 실제로 손익계산에서도 마케팅 비용이 1% 미만 수준이에요. 앞으로도 이 기조는 유지할 계획이고요.

동녘: 카페 감자밭에 오시는 주요 고객층은 30대 여성 또는

가족 단위 고객들이에요. 그들이 '춘천 갔을 때 들렀던 카페 감자밭 다시 한번 가보자.'라는 말이 나올 수 있는 경험을 설계하는 것이 저희의 목표예요. 그래서 진정성 있는 경험적 요소를 중요하게 생각해요. 농부가 운영하는 공간의 진정성은 실제 농부가 농사짓는 밭에 있다는 것이에요. 저희가 표현하고자 하는 진정성은 항상 보던 노후화된 농촌이 아니라 디자인된 아름다운 농장이에요. 멋진 트랙터가 서있고, 젊고 트렌디한 농부가 돌아다니며 농사짓고, 밭이 계절마다 다른 꽃으로 채워지는 활력을 보여주는 거죠. 이곳의 정원과 농장을 분리해서 고객들이 직접 체험할 수 있는 공간을 넓히고 있어요. 곁에서는 안 보이던 정원이 카페 건물을 가로지르며 보이기 시작할 때 감탄사가 나올 수 있도록 동선을 설계했어요. 본인이 직접 경험한 학습은 쉽게 잊히지 않거든요. 마케팅 역시 오가닉 한 방법이 장기적으로 지속 가능하다고 생각해요.

장기적으로 브랜드다운 브랜드를 구축하는 것이 가장 바람직한 선택임을 알면서도 창업을 하는 순간 당장의 매출에 시선이 쏠리기 마련이죠.

미소: 그래서 팀이 필요하다고 봐요. 대부분의 투자자가 아무리 유망한 기업을 발견하더라도 1인 기업에 투자하지 않는 이유와도 맞닿아 있어요. 대표가 아무리 똑똑하고 사업 아이템이 완벽해도 1인 기업에는 절대 투자 안 해요. 팀으로 구성되어야 탄탄한 기반을 다지며 사업을 운영할 수 있고, 탄탄한 기반이 있어야 장기적인 안목을 갖고 사업을 이끌어 나갈 수 있어요. 매일이 전쟁이고 당장 죽을 것 같은데 멀리

내다본다는 것은 있을 수 없는 일이잖아요. 저 역시 동녘 님을 만나지 못했더라면 장기적인 방향성에 대해 생각할 수 없었을 거예요.

사업 초창기에 팀원을 채용할 때 어떤 기준을 두었나요?

미소: 홍성태 교수님과 김봉진 의장님의 대담을 담은 『배민다움』이라는 도서에서 읽은 내용이 하나 있어요. 처음 '배달의민족'을 창업할 때 친구들과 함께 시작했다는 부분이에요. 사실 현실적으로 그럴 수밖에 없어요. 이제 막 시작하는 회사에 친구가 아니고서는 함께하지 않거든요. 그래서 농담 삼아 인재상도 필요 없다고 말해요. 그런 인재상을 갖춘 인재가 들어올 리 없으니까(웃음). 어느 정도 자리 잡은 뒤에야 고민할 수 있는 사항인 거예요.

동녘: 그렇게 기반을 닦은 뒤 내세웠던 저희 회사의 첫 번째 인재상은 '농부'였어요. 회사 이름뿐 아니라 문자 그대로 밭을 가꾸는 기업인만큼 농부가 필요한 거죠. 이렇게 농사짓는 사람이라는 의미에 모두가 성장할 수 있는 터를 가꾸는 사람과 각 개인의 마음의 밭을 가꾸는 사람이라는 의미를 덧붙였어요.

미소: 농사짓는 사람이라는 의미는 너무나 당연한 말일 테고. 두 번째와 세 번째 의미는 故 이어령 선생님이 책에서 하신 말씀을 통해 되새긴 가치들이에요. 선생님께서 '존재했냐?'라는 질문을 하시죠. '스스로 주체적으로 생각해 봤어?

그러니까 남들이 하는 말이 아니라 네가 생각해 봤어?'라고 요. 누가 감자빵 회사에 입사하면 좋을 것 같다고 해서 가는 것이 아니라, 본인의 가치관과 회사의 가치관이 맞다고 생각 해서 스스로 성장할 수 있겠다는 마음으로 찾아왔는지를 보 고 있어요.

미소: 농부의 다른 특징들도 있어요. 진짜 농부들은 흉년이 들면 본인 탓이라 하고 풍년이 들면 본인은 씨앗 심는 것밖에 한 일이 없다고 해요. 잘못에 대한 모든 책임을 지면서도 잘 된 것은 내 덕이 아니라고 하는 것. 자연의 섭리를 겸허하게 수용할 줄 아는 사람이에요. 더 나아가 미래를 생각하는 사람 이기도 하고요. 땅에 같은 작물을 계속 심으면 땅이 망가져 요. 1, 2년만 생각해서는 안 되죠. 더 먼 미래인 후세대를 생 각하며 땅을 경작하는, 지속 가능성을 고려하는 전문가예요. 자신이 취한 하나의 행동이 나중에 어떤 결과를 초래하는지 이해하려 하죠. 더 욕심을 부린다면 자신이 겪으며 학습한 것 들을 매뉴얼로 기록하며 후대에 남길 수 있는 사람이었으면 하고요.

이러한 가치를 모두 갖춘, 농부와 같은 직원을 뽑는 것이 무척 어려울 것 같은데요(웃음).

미소: 솔직히 불가능하죠. 심지어 180명 모두에게 물어보려 했었어요(웃음). 앞서 말씀드린 가치를 정리하고 보니까 제 이상형이더라고요. 제가 사랑하고 싶은 사람. 그런 사람을 만 나기 위해서는 저부터 그런 사람이 되어야 한다고 생각했고,

회사의 인재상을 그렇게 정했어요. 모든 조건을 만족하는 사람이 입사하는 것은 거의 불가능에 가까워요. 당장 저부터 그렇지 않으니까요. 하지만 이렇게 이상향을 정해두고서 그 이상향으로 가고자 노력하는 사람들이 모이면 하나의 규칙으로 작용할 수 있겠다는 생각을 하고 있어요.

그럼에도 불구하고 모든 구성원이 적응하는 데에는 한계가 있을 듯해요.

미소: 제가 앞서 말씀드린 바와 같이 농부의 가치를 말하니, 지금 밭의 CEO를 맡고 있는 동빈 님께서 이런 질문을 한 적이 있어요. '그래서 그 성장의 주체가 회사인가요? 개인인가요?'라고요. 이 질문을 듣고 너무 당황했어요. 당시에는 무슨 말인지도 모르는 소리로 대답을 했는데요(웃음). 나중에 어떤 의도로 그런 질문을 했는지 알겠더라고요. 그동안은 진정한 농부로 성장할 수 있도록 제가 직접 가르쳐야 한다고 생각했는데 그게 아니었던 거예요. 농부의 가치 중 하나가 주체성인데, 제가 간섭하는 순간 회사가 그 주체성을 빼앗아 버리게 되잖아요. 개인의 성장은 개인의 몫이고 그 성장을 뒷받침하기 위해 지원하는 것이 회사의 몫이라는 생각이 들었어요. 회사는 그저 기회와 공간을 제공해 주면 되겠다는 생각이에요.

미소: 당장 동빈 님이 대표적인 사례예요. 애초에 전문경영인의 역할로 합류한 것이 아니라, 해외 MD로 입사했다가 본인 스스로 CEO의 역할을 했기 때문에 CEO가 된 거예요. 어떤 회사가 직원으로 입사했다가 6개월 만에 CEO가 될 수 있

겠어요. 저희 회사는 가능해요. 그 직책에 맞는 역할을 하면 되거든요. 회사는 그에 맞는 기회와 여건을 제공해 주는 것뿐이죠.

동녘: 동빈 님이 CEO가 되면서 이러한 기조를 '밭 2.0'이라고 선포했는데요. 저희 부부가 시작했던 시기가 '밭 1.0'이었다면 또 다른 모습으로 발전하는 과정인 거죠. 이 문화에 적응하지 못한 사람들은 알아서 회사를 떠나더라고요. 모두 같은 방향으로 노를 젓고 있는데 혼자 다른 방향으로 노를 저으면 본인이 힘들거든요. 물론 옳고 그름의 문제가 아니라 본인과 회사의 가치관이 서로 다르기 때문이라고 생각해요. 따라서 미래에 회사와 가치관이 맞게 된다면 다시 돌아올 수도 있고요.

하루 일과가 어떻게 흘러가는지 소개해 주세요.

동녘: 요즘은 운동에 중점을 맞추고 있어요. 사업을 시작하면서 개인적인 삶은 전혀 돌보지 못할 정도로 일만 계속했거든요. 신체적으로나 정신적으로나 힘들어지더라고요. 운동으로 체력을 길러야 무엇이든 할 수 있겠다 싶어서 일주일에 사흘 정도는 반드시 운동을 해요. 그리고 산책을 하거나 샤워할 때 메모장을 옆에 두고서 떠오르는 생각들을 그때그때 적기도 합니다.

미소: 저는 반신욕을 정말 중요하게 생각해요. 교감신경을 안정시키고 부교감신경을 활성화하는 데에 효과가 좋아요.

번아웃을 방지해 주죠. 매일 세 가지 항목에 따라 감사일기를 쓰기도 해요. 진부하다고 느낄 수 있지만 재밌기도 하고 또 다른 의미가 있어서 꾸준히 하고 있어요.

본인에게 창업을 한다는 것은 어떤 의미인가요?

동녘: 농부의 삶에서 많은 영감을 얻어요. 생업이 자신이 좋아하는 일이라면 금상첨화잖아요. 저에게는 농사가 그런 존재예요. 그럼에도 이런저런 힘든 일에 부딪혀요. 그 과정에서 개인 상(像)을 제대로 볼 수 있죠. 창업도 마찬가지예요. 계속되는 도전에 부딪히면서 자기 자신을 알아가게 돼요. '나는 이 부분에서 힘겨워하는구나', '나는 이 일을 잘하는구나.' 하고 깨닫죠. 그래서 제 친구들에게 창업을 꼭 해보라고 권해요. 그러면 진짜 자기 자신을 알 수 있거든요.

동녘: 또 세상에 나만의 효용을 줄 수 있다는 점도 있어요. 농사꾼은 그저 땅을 일구는 데에 그치는 것이 아니라 결과적으로 열매를 만드는 사람이에요. 창업가 대부분이 그 안에 무엇이 들었던 자신만의 열매를 맺고 싶은 욕구가 있어서 창업을 한다고 생각해요. 지구상에 셀 수 없이 많은 식물이 있지만 열매를 맺지 못하고 번식하며 생존하기 급급한 종들도 있어요. 열매를 맺더라도 효용가치가 없는 경우도 있고요. 우리가 작물을 키우는 이유는 그 결과가 우리에게 효용을 주기 때문이에요. 다른 이들에게 효용을 주면 그 사람들이 알아서 그 종자를 지키고 키우게 돼요. 창업자가 만든 브랜드는 이런 열매가 되어야 한다고 생각해요. 인간이 처음 발견한 옥수수는

볼품없었을지라도, 사람들이 효용을 누리기 위해 품종을 개량하며 지금의 찰옥수수까지 온 걸 보면 간접적으로 알 수 있죠. 이러한 브랜드를 만드는 것이 많은 창업가의 최종 꿈이지 않을까 싶어요.

미소: 창업을 한다는 건 아이를 하나 낳는 것과 같아요. 스스로 성장할 수 있는 하나의 유기체를 만드는 거예요. 창업가는 그 유기체를 지키는 청지기일 뿐이고요. 『톰 소여의 모험』 작가인 마크 트웨인Mark Twain이 '이 세상에서 가장 중요한 두 날은, 내가 태어난 날과 그 이유를 알게 된 날이다.'라고 말했거든요. 우리는 우연히 이 세상에 왔지만, 살아가면서 나의 사명을 알게 되고 그 사명을 위해 살아가는 것이 의미 있다는 뜻이겠죠. 창업도 마찬가지예요. 무수한 이유로 창업을 시작하는데요. 그중 몇몇의 사업만이 하나의 기업체로 성장하며 사명을 찾고 그 사명을 위해 스스로 성장하는 구조를 만드는 것에 성공합니다. 여기까지 도달한 창업가라면 충분히 뿌듯함, 자부심, 벅참을 느껴도 된다고 봐요. 마치 부모가 아이를 낳아 이 사회에서 하나의 역할을 할 수 있도록 잘 키운 것처럼요. 부모가 되면 그 마음을 안다고 하잖아요. 창업을 해봐야 이 마음을 알 수 있다고 생각해요.

마지막 질문입니다. 창업을 고려하는 분들에게 당부와 응원의 말씀 부탁드려요.

미소: 말 그대로 응원하고 싶어요. 창업을 하는 동기가 돈을 벌기 위해서든 어떤 문제를 풀고 싶어서든 결국 똑같은 고민

의 과정을 겪게 될 거예요. 힘든 실패의 과정을 계속해서 겪더라도 업계에서 떠나지 않았으면 좋겠어요. 간혹 특정 문제를 풀기 위해 고민하는 스타트업들이 저희에게 고민 상담 겸 찾아올 때가 있어요. 그때 저는 남김없이 세세하게 조언해 줘요. 저희 회사 임원분들이 그런 것까지 이야기해 주냐면서 핀잔을 줄 정도로요(웃음). 그만큼 이 업계를 떠나지 않았으면 하는 마음이에요. 단 하나의 성공적인 결과가 나오기 전까지는 아무도 모르거든요. 힘들더라도 포기하지 않고 끝까지 도전해 보라고 응원하고 싶어요.

동녘: 일반 직장에 다니는 친구들을 만나서 대화를 해보면 모두 창업 생각을 하고 있어요. 사업 아이템까지 이미 구상한 이들도 있죠(웃음). 어느 순간에는 창업에 도전해 보기를 권해요. 단지 생업이라는 측면을 넘어서서 인생을 살아가는 데 빠짐없이 도움이 되거든요. 돈을 벌고 싶은 욕망, 자신의 생각을 실현해 보고 싶은 욕망, 다른 사람들을 돕고 싶은 욕망 등 어떤 것이 됐든 인생을 살면서 자신의 욕망을 한 번쯤 증명해 볼 기회는 필요하잖아요. 자신이 만든 가치를 다른 사람이 돈을 주고 사는 기적 같은 경험을 누려보길 바라요.

PERSON 04
권성택, (주)티오더

창업을 한다는 것은 포기하지 못하는 것

창업은 도전 그 자체이기 때문에
창업이라는 도전은 계속해야 한다는
생각을 갖고 있어요.

PERSON 04
권성택, (주)티오더

자기소개 부탁드립니다.

주식회사 티오더의 대표 권성택입니다. '티오더'는 음식점 테이블에 앉아서 태블릿으로 메뉴를 주문할 수 있는 솔루션을 판매하는 기업입니다. 매장 손님들이 태블릿으로 주문할 때마다 생성되는 여러 데이터를 재가공해서 이를 필요로 하는 점주분들에게 제공하고 있어요.

지금의 '티오더'를 창업하기 이전에도 여러 번의 창업을 했다고 들었어요.

미국에서 컴퓨터 공학을 전공으로 유학 생활을 하는 도중에 사업을 하고 싶어서 휴학하고 한국에 들어왔어요. 구매 대행 온라인 쇼핑몰을 8년 정도 운영했죠. 이후 오프라인 사업을 해보고 싶은 욕심이 생겨서 온라인 쇼핑몰로 벌었던 금액 전부를 투자해 주점 프랜차이즈 매장을 여러 개 열었어요.

티오더가 대상으로 하고 있는 점주 고객의 입장을 우선 경험했네요.

오프라인 매장을 운영하면서 느꼈던 가장 큰 문제점이 인력에 대한 부분이었어요. 인건비를 절감할수록 마진율을 높일 수 있다 보니 어떻게 하면 비용을 줄일 수 있을지 고민했죠. 당시 티오더 제품과 유사한 다른 기업의 솔루션을 사용했는데요. 기존의 태블릿 솔루션은 모두 주문에만 특화되어 있더

라고요. 점주님들은 그 정도의 기능으로도 만족하는 거죠. 고객들에게 더 간편하게 다가갈 수 있도록 디자인을 개선하면 훨씬 높은 가치를 창출할 수 있지 않을까 생각했어요. 기본적으로는 제가 오랜 기간 운영했던 온라인 쇼핑몰의 장바구니 담기와 유사한 개념이었거든요. 제가 쇼핑몰을 운영하면서 쌓았던 노하우를 태블릿 주문 과정에 녹여낼 수 있겠다 싶었죠.

더불어 실시간으로 주문에 대해 평가를 한다든지, 음식을 기다리면서 지인들과 게임을 한다든지, 매거진을 즐길 수 있도록 설계했어요. 사이사이에 광고도 넣을 수 있고요. 고객들이 모바일에서 음식을 주문했던 경험을 테이블에서 똑같이 할 수 있게 하는 아이디어에 집중하며 여러 가지를 시도해 봤죠. 이러한 시도들이 티오더의 빠른 성장을 견인하지 않았나 생각합니다.

티오더를 개발하기 이전에 직접 사용해 봤던 테이블 주문 솔루션에서 어떤 불편함을 느꼈나요?

한눈에 들어오지 않는 디자인이 가장 아쉬웠어요. 고객 친화적이지 않다고 느꼈죠. 더불어 태블릿 거치대의 미감도 깔끔하지 않아서 개선해야 할 점이 많이 보였어요. 하지만 버튼 색상 하나 바꾸는 것도 몇 주에서 몇 달씩 걸린다는 답변을 받았죠. 직접 만드는 것이 더 낫겠다는 생각을 했어요. 결국 티오더가 설립되고 성장하면서 후에는 제가 사용하던 솔루션 업체까지 인수하게 됐습니다.

전체 매출 규모와 임직원 수도 궁금해요.

티오더 법인 설립을 2019년 1월에 하고 그해 9월에 핵심 주문 기능이 탑재된 초창기 버전의 솔루션을 출시했어요. 2019년 첫해 4억 원의 매출이 나왔어요. 이후 급속도로 성장해서 2022년에는 2백5십억 원의 매출을 기록했죠. 임직원 수도 160명 규모로 늘었고, 티오더를 사용하는 전체 고객은 한 달 기준 1천5백만 명으로 집계하고 있어요.

티오더라는 이름은 어떤 의미를 담았나요?

알파벳 't'에 'touch', 'table', 'tablet'의 의미를 담았는데요. 기업 운영 초창기에 대기업과 같은 이미지를 주고자 했던 것이 솔직한 이유예요(웃음). 사장님들에게 비치는 신뢰성도 무시할 수 없거든요.

처음 사업을 시작한 때부터 지금까지 여러 사업의 초기 창업 금액은 어느 정도였나요?

거의 무자본 상태에서 사업을 시작했다고 해도 과언이 아니에요. 처음 구매 대행 온라인 쇼핑몰 사업을 할 때는 3백만 원으로 시작했어요. 그마저도 외국어가 가능한 직원을 채용하고 15평 사무실, 컴퓨터, 책상을 구비하는 데에 지출하니 바로 없어지더라고요(웃음). 지금 생각해 보면 정말 운이 좋게도 첫 달에 1억 원 가까운 매출액이 나와서 다행이었죠. 사업 이전부터 판매 아이템 보는 눈을 키워놨기 때문이라고 생각해요.

이렇게 8년 동안 쇼핑몰을 운영하며 모은 수억 원의 금액을 모두 오프라인 매장에 투자했어요. 정말 과감한 도전이었죠. 당시에는 걱정보다 열정이 커서 이 돈을 다 잃어도 다시 시작할 수 있다는 생각을 갖고 있었어요. 그렇게 현재의 티오더까지 이어졌네요. 작은 눈송이에서 어느새 큰 눈덩이로 커졌어요.

지금까지의 이야기를 들으면 큰 굴곡 없이 승승장구한 듯해요. 하지만 그 안에는 크고 작은 실패가 중첩되어 있겠죠. 창업을 고민하는 많은 사람이 그 실패에 대한 두려움 때문에 선뜻 도전하지 못하기도 해요.

맞아요. 하지만 과거에 했던 제 행동들이 모여서 지금의 제가 되었다고 봐요. 실수 또는 실패라고 볼 수도 있는 상황들이 사실은 사업에 대한 통찰을 쌓는 과정이었거든요. 너무 쉽게 보는 것도 너무 무겁게 보는 것도 피해야 할 일이에요.

단기간에 빠르게 성장하다 보면 자신도 모르게 자만감이 생길 수도 있을 듯해요.

저 스스로 실력이 뛰어나서 잘됐다는 자만감의 새싹이 돋아날 때가 있어요. 그럴 때마다 자신에게 혹독할 만큼 엄격하게 구는 편이에요. 이러한 관리가 잘 이루어져야 리더로서 팀을 이끌어갈 때 관계성에서도 문제가 없거든요. 자만심을 극복하는 방법론은 각자의 성향에 따라 다를 거예요. 스스로가 더 잘 알 거고요. 저의 경우 저보다 앞선 선배 사업가분들을 만나서 조언을 구해요. 그분들과 이야기를 나누며 채찍질을 받

2021 우수벤처기업

KOVA (사)벤처기업협회

는 거죠. 외부의 평가에 민감하다는 제 성향을 잘 알고 있어서 더 노력을 하게 되더라고요.

외부에서 이러한 속사정을 모른 채 시기와 질투 섞인 시선으로 바라보는 경우도 있겠어요.

티오더를 시작하기 전부터 저와 알고 지내던 지인이 있어요. 당시의 제 일과와 티오더를 이끌며 살아가는 지금의 제 일과가 정말 많이 달라졌는데요. 이러한 상황을 모른 채 어찌 보면 무리일 수 있는 요구를 가볍게 요청하는 경우가 있었어요. 물론 큰 부담 없이 들어줄 수 있는 요청이라면 모르겠지만 그렇지 않은 경우였기 때문에 거절했는데요. 제 상황이 변한 것을 '권성택'이라는 사람이 변한 것으로 여기며 서운해하더라고요. 그렇게 느낄 수도 있다고 이해는 해요. 제 상황을 경험해 보지 못했으니까요. 개인 생활이 없는 이러한 삶을 상상도 못 할 테고요. 저도 사람인지라 하루에 처리할 수 있는 업무량, 소통량이 정해져 있어서 그 안에서 우선순위에 따라 의사결정을 할 수밖에 없어요. 반면 가족, 오래된 친구와 같이 저를 잘 알고 좋아해 주는 이들은 제 상황을 이해해 주려고 하죠. 정말 감사한 마음이에요. 사실 제 부모님도 사업 초반에는 연락이 잘 닿지 않는다고 서운해하셨는데 저와 히루를 곁이 보내신 뒤로는 이해해 주시더라고요(웃음). 이렇게 배려를 받은 만큼 저 역시 주변을 잘 챙기려고 노력하고 있어요.

큰 성장에 마냥 좋은 면만 있는 것은 아니군요(웃음).

제 하루 일정은 비서가 모두 정리해 주고 있어요. 저는 제 업무에만 집중하고 일정 관리는 전문가에게 맡기는 것이 실수를 줄일 수 있다고 생각하기 때문인데요. 젊은 나이에 비서를 고용했다는 것, 약속을 잡으려면 비서를 통해 소통해야 한다는 것을 마땅찮게 보는 이들도 있어요. 사실 비서가 제 일정을 더 잘 알고 있기 때문에 저와 약속 잡기가 더 수월한데 말이죠(웃음).

말이 나온 김에 시간 관리 방법에 대한 질문도 드리고 싶어요.

외근을 최소화하고 있어요. 특정 장소를 갔다 오는 데 두 시간이 걸리면 그 시간 동안에는 다른 업무를 볼 수 없잖아요. 더불어 개인적인 여유 시간도 웬만하면 포기하고요. 그렇게 함으로써 더 많은 것을 이룰 수 있으니까요.

휴가는 다녀오셨나요?

못 갔어요. 티오더를 창업하기 전에는 비행기를 많이 탔는데 창업 이후에는 한 번도 못 탔네요(웃음).

이번에는 같이 일하는 직원에 관해 이야기 나눠볼까요? 혼자서도 일해보고 직원도 고용해 보셨기에 어떤 철학을 갖고 팀을 꾸리는지 궁금합니다.

그간의 경험을 통해 대부분의 기업 구조는 비슷하다는 결론에 이르렀어요. 중국집은 주방장이 자리를 비우면 그날 장사를 접어야 하고, IT 기업은 개발자가 없으면 회사가 부도나는 경우도 있고요. 말 그대로 인사가 만사라는 생각이 들더라고요. 그래서 좋은 사람을 채용해 좋은 관계를 맺는 것이 중요한데 말처럼 쉽지 않아요. 감정과 같이 심리적인 부분도 고려해야 하고요. 사람마다 동기부여 방식이 달라서 금전적인 보상, 업무 성취감, 동료와의 유대 관계 등을 모두 신경 써야 하니까요. 어렵지만 정도正道 밖에 없다고 생각해요.

앞으로 티오더는 어떤 방향으로 나아갈지, 비전에 대해 이야기 나누고 싶어요.

그동안 경험하지 못했던 혹한기가 다가올 거라고 예상하고 있어요. 이를 대비하며 티오더의 기본기를 다지려고요. 혹한기가 지나가면 티오더는 주문이라는 개념을 넘어 티오더의 데이터를 통해 고객사들에 실용적인 도움을 주는 기업으로 성장할 거예요. 더불어 기존의 소프트웨어, 데이터 등 IT 도메인과 함께 창업을 도와주는 투자 기업으로의 성장도 고려하고 있어요. 일종의 외식업 벤처캐피털이 되는 셈이죠. 그동안 쌓은 데이터와 노하우, 인프라를 활용해 자영업자들이 창업 이후 매장을 더 안정적으로 운영할 수 있도록 지원할 거예요. 매장이 승승장구할수록 티오더도 성장하는 상생 구조니까요.

창업에 막 도전장을 내민 분들에게 해주고 싶은 말이 있다면 부탁드려요.

창업을 꿈꾸는 분들 중 꽤 많은 분이 누군가를 동경하면서 사업을 시작할 거예요. 그렇다면 그 사람만큼 열심히 행동해야 해요. 그것도 최소한의 기준이지만요. 보통은 자신의 행동에 만족하는 경우가 많아요. 말만 번지르르하고 실행하지 않는

사람들도 상당히 많은데요. 하고 싶은 것이 있다면 최대한의 시도를 하고 나서 이야기해야 한다고 생각해요. 주변 환경이나 사람을 탓하는 시간에 본인이 정말 열심히 노력했는지 자기 객관화를 해보는 거죠. 이 과정을 지속적으로 거치면 좋은 결과를 이룰 수 있을 거예요.

마지막 질문입니다. 창업을 한다는 것은 본인에게 어떤 의미인가요?

창업을 한다는 것은 포기하고 싶어도 포기하지 못하는 자의 숙명이라고 생각합니다. 특정 회사에 소속된 직원인 경우 본인이 하기 싫으면 하지 않을 수 있는 여지가 있잖아요. 퇴사를 할 수도 있고요. 저는 제가 하기 싫어도 그만둘 수 없어요. 어마어마한 무게감을 짊어지고 있죠. 주위에서 '투자받아서 좋겠다.'라고 편하게 말을 건네는 분들이 간혹 있는데, 그 무게감을 경험해 보신 분이라면 그 말을 쉽게 할 수 없을 거예요. 창업을 숙명으로 생각하는 사람과 그냥 일이라서 하는 사람의 차이는 그래서 하늘과 땅 차이예요.

PERSON 05
조소라, 팀컴바인드

창업을 한다는 것은 반대를 무릅쓰는 것

하고 싶은 것이 있다면 최대한의
시도를 하고 나서 이야기해야 한다고
생각해요. 주변 환경이나 사람을 탓하는
시간에 본인이 정말 열심히 노력했는지
자기 객관화를 해보는 거죠.

PERSON 05
조소라, 팀컴바인드

자기소개 부탁드립니다.

안녕하세요. '팀컴바인드' 대표 조소라입니다. 문화 행사와 미디어 제작 관련 공간을 기획하고 연출하며, 사람들을 연결하는 사업을 하고 있습니다. 운영하고 있는 곳은 대부분 고택古宅이나 구옥을 현대식으로 바꾼 공간이에요. 드라마, 웹드라마, 화보 등 콘텐츠 작업이 이뤄지죠. 이뿐만 아니라 다양한 분야의 작가님과도 협업해서 프로젝트를 기획하며 공간을 운영하고 있습니다.

공간 사업을 시작한 지는 얼마나 됐나요?

2018년 3월에 시작했어요. '공그리다'라는 이름의 공간에서 전시 등 문화 행사 위주로 작게 시작했죠. 현재는 지금 인터뷰하고 있는 서울 신당동의 '소라맨션'과 한남동의 '아몬드거실', '우사단안채' 그리고 황학동의 '영화주택'까지 총 4곳을 운영하고 있어요.

지금 운영하는 공간 사업의 전체 매출 규모가 궁금해요.

성수기에는 월 2천만 원에서 3천만 원 규모이고, 비수기에는 1천만 원 정도 돼요. 연간 2억 원에서 3억 원 사이가 되는 셈이죠. 공간 사업은 손님이 계속 온다는 보장이 없어요. 그만큼 불안정하지만 대신 마진이 많이 남는 구조예요. 사실상 1인 사업의 형태이기 때문에 월 임대료, 관리비, 파손 충당금

동호로17길
Dongho-ro 17-gil

267-2

소라맨션

스튜디오

등을 제외하고 모두 이익인 거죠.

사용자가 파손하는 일도 발생하겠군요.

의자가 부서진다거나 조명이 깨지는 일이 한 달에 서너 건 정도 있었어요. 그래서 공간을 기획할 때부터 이런 점을 염두에 두고 공간 구성을 해요. 처음부터 몇천만 원씩 들여가며 인테리어를 하지 않고 최대한 대체 가능한 비용을 고려해서 기획하는 거죠.

에어비앤비와 같은 플랫폼에서 눈에 잘 띄려면 화려하게 꾸며야 하지 않느냐고 하시는 분들도 있는데요. 손님들이 선호하는 공간의 특징을 보면 단순한 화려함이 아니라, 본인이 경험해 보지 못했던 분위기라는 요소를 중요하게 생각하더라고요.

이번에는 또 다른 사업에 대해서도 이야기 나눠볼게요. 직접 운영하는 공간 대여 사업과는 별개로 행사 기획도 하고 있다고 들었어요.

맞아요. 공연, 전시, 모임 같은 행사 기획 사업도 하고 있어요. 예를 들면 브랜드 팝업 스토어의 기획부터 운영까지 맡는다거나 기업 파티의 기획과 운영, 현장 중계까지 진행하기도 하죠. 모두 특정 공간 안에서 이뤄지는 작업이다 보니 자연스레 공간 기획 분야와도 맞닿아 있어요. 이렇게 프로젝트가 있을 때마다 기획, 사진, 영상 등 각 분야 전문가들이 크루 형태로 함께 사업을 진행하고 있어요.

코로나 사태로 인한 여파가 꽤 오래 지속됐죠. 공간을 매개로 한 사업인 만큼 운영이 쉽지 않았을 듯해요.

2019년 말에 큰 계약이 여러 건 있었어요. 호텔과 직접 계약 했거나 자치도에서 하는 행사 등이었죠. 모두 날아갔어요(웃음). 매출이 심각할 정도로 곤두박질쳤죠. 다음 해 1분기까지 꽉 차 있던 공간 예약 일정도 모두 취소됐고요. 결국 급하게 아르바이트를 시작했어요. 공간 사업의 특성상 매달 임대료가 지출되니까 버텨야 했거든요. 영업을 하기 위해 이전에 알고 지내던 촬영 감독님들께 연락을 돌렸어요. 촬영 일정이 생기면 제 공간을 이용해 달라고요. 그런데 저보다 더 힘든 상황에 계시더라고요(웃음).

그 힘든 기간을 잘 버텨내고 지금까지 사업을 잘 이어오고 있는데요. 처음 공간 사업을 시작하기로 마음먹은 계기가 무엇인지 궁금해요.

대학에서 호텔 경영을 전공하고 호텔 비즈니스 센터에서 근무했어요. 회의실이나 연회장을 대관하는 업무를 맡으면서 존재하는 공간의 가치를 올리는 일에 관심을 갖게 됐어요. 재밌는 이벤트를 기획해서 투숙객에게 만족을 주는 일이죠. 준비하고 진행하는 과정도 즐거웠고요. 점차 공간 기획과 연출을 내 공간에서 해보고 싶다는 생각이 들어 시작했어요.

처음 시작할 때 창업 자금은 어느 정도 규모였나요?

1천5백만 원인데요. 보증금으로 1천만 원 사용하고 내부 인테리어에 5백만 원을 지출했어요. 돈을 아끼기 위해 페인트

칠도 가족, 팀원들과 함께했죠(웃음).

처음 창업한 시점을 돌이켜봤을 때 후회하는 점이 있다면 무엇인가요?

보통 사업이 초기에 바로 승승장구하는 경우는 드물잖아요. 스스로 책임감을 가져야 한다는 생각이 너무 커서 같이 일하던 팀원들을 모두 끌고 가지 못한 점이 후회돼요. 당시 여러 친구가 도움을 줬거든요. 회사에 다니면서 도와주는 친구들도 있었고요. 당연히 보수는 지급했는데 적자 상태가 우려돼서 더 이상 함께하기 어렵다고 이야기했어요. 그때 조금 더 용기를 내어 정부 지원 사업에 도전해 봐도 좋았겠다는 생각을 해요. 한번 지원받으면 지원 사업 자금에만 목매는 상황이 될까 봐 진행하지 않았는데 후회가 남더라고요.

초기 홍보를 어떻게 했는지도 질문하고 싶어요. 사업을 구상하는 분들에게 도움이 될 듯해요.

주로 SNS를 통해 홍보했어요. 평소에도 SNS에 개인 글과 사진을 자주 업로드했기 때문에 굉장히 친숙한 매체였죠. 또 촬영 작업하는 작가님들에게 '공간에 와서 작업해 보세요. 대관 시간 더 드릴게요.' 하면서 연락을 돌리기도 했어요(웃음). 그렇게 촬영을 마친 분들에게 공간에 대한 피드백을 들으며 보완해야 할 점을 파악하기도 했죠.

창업을 시작하는 순간부터 당장의 매출을 고민하게 되죠. '사업으로 돈을 번다'라는 개념과 감각이 초보 창업자에게 힘겹게 느껴질 때도 있어요.

지출 관리가 정말 중요해요. 그래서 저도 비용을 줄이기 위해 애쓰고 있어요. 공간에 둘 소파 하나를 사더라도 합리적으로 선택하려고 노력해요. 2백만 원인 소파와 9백만 원인 소파를 살펴보고 언뜻 봐서 큰 차이가 보이지 않으면 전자를 선택하는 식이에요. 무작정 특정 브랜드가 좋다고 해서 구매하지는 않죠. 가끔 카페 등 요식업 창업하시는 지인 중에 기계에 대해 충분히 알지 못한 채 비싸고 좋은 기계라고 해서 구매하는 분들도 있더라고요.

또 공간 콘셉트와 인테리어를 주기적으로 바꿔요. 고객이 공간에서 지루한 분위기를 느끼지 않도록 영화나 드라마를 보며 미장센이 좋은 공간이 나오면 그 콘셉트를 떠올리며 적용해 보죠. '퀸스 갬빗The Queen's Gambit'이라는 드라마에 나온 주인공의 핑크색 방을 재연해 보기도 했어요. 그렇게 꾸며놓으니 콘셉트에 흥미를 느낀 분들이 이에 맞게 옷을 입고 와서 촬영하기도 하더라고요. 공간 연출에 대한 집념과 변화를 추구하는 생각이 지속적인 성장을 만든다고 생각해요.

이어서 같은 맥락으로 질문을 드려볼게요. 창업을 한다는 것은 본인에게 어떤 의미인가요?

주변의 반대를 무릅쓰고 하는 것이라고 생각해요. 저희 아버지 역시 제조업 분야에서 창업을 하셨는데요. 그 어려움을 아

시기 때문에 반대가 심하셨죠. '공간을 만들어 둔다고 해서 누가 네 공간을 이용하겠어?'라는 말씀도 하셨어요. 유형의 제품을 파는 사업도 걱정하셨을 텐데 공간 대여라는 무형의 가치를 갖고 사업한다고 하니 얼마나 걱정하셨겠어요. 결국은 제가 하려는 계획들을 다 정리해서 부모님께 프레젠테이션 했어요. 그리고 직장 다니면서 퇴근 이후 시간에 개인 파티를 기획하고 운영해서 얻은 수익을 보여드렸죠. 이렇게 설득하는 과정을 거치면서 안 된다는 이야기를 무릅쓰고 실행하는 것이 창업이라고 생각해요.

하루는 어떤 일과로 흘러가나요?

아침 9시에 기상해요. 일어나면 새벽까지 왔던 메시지를 처리하고 공간 4곳을 돌면서 청소를 해요. 매일 모든 곳을 청소하는 것은 아니에요. 사전 답사를 위한 방문 일정이 있다면 그 공간을 미리 가서 치우고 정리해 두는 식이죠. 오후에는 블로그나 카페 등 촬영 감독님들이 장소를 구하는 커뮤니티에 가서 꾸준히 이메일을 보내고, 공간 사진을 찍어 SNS 계정에 올려요. 저녁이 되면 공간마다 사흘에 한 번씩 쓰레기를 내놓기 위해 돌아다니죠. 주말에는 모든 공간을 청소하는데, 11시에 시작하면 오후 3시쯤 끝나요. 바쁘긴 한데 막상 정신없이 하다 보면 아무 생각이 없어요(웃음).

청소를 대행업체에 맡길 수도 있는데 직접 하는군요.

비용이 발생한다는 사업적인 고려 사항도 있지만, 앞서 말씀드렸듯 내 공간에 내 손길이 닿는 것이 중요하다고 생각해요.

전문 업체에 맡기더라도 스스로 자기 공간을 신경 쓰는 것만큼 꼼꼼하게 관리할 수는 없거든요. 실제로 업체에 맡겨보기도 했고요. 그런데 단순히 깔끔하게 청소하는 것 외에 침대 정리하는 스타일 등 공간 콘셉트에 맞는 정리법은 또 다른 영역이거든요. 겨울철에는 미리 난방을 켜두는 등 세심하게 배려하는 작업도 필요하죠. 업체에서 할 수 있는 영역이라고 하기엔 애매한 부분이라 나중에는 제가 직접 하게 되더라고요.

이렇게 꾸준히 할 수 있다면 가장 좋겠지만 사람인 이상 버겁게 느껴질 때가 있죠. 동기부여를 위해 어떤 노력을 하는지 궁금해요.

지난 몇 년간 코로나라는 큰 어려움을 겪으며 불안감이 너무 커졌어요. 지금은 힘든 시기를 잘 넘겼지만 언제든지 나락으로 떨어질 수 있다는 생각이 저변에 깔려있어요. 성과가 좋게 나온 달에도 '다음 달에는 다시 떨어질 수 있어.'라는 걱정이 따라오죠. 좋게 말하면 긴장감을 놓지 않았다고 표현할 수 있겠네요. 부정적인 생각을 긍정적으로 바꿔주는 남편과 부모님의 응원이 큰 동기부여가 돼요. 더 강력한 동기부여는 다른 공간을 볼 때 생겨요. 사람들이 많이 찾는 카페나 음식점에 가보면 저마다의 특징이 있거든요. 그곳에 가서 공간을 둘러보면 도움이 많이 돼요.

본인 또는 주변의 사례를 봤을 때 사업 아이템을 선정하는 좋은 방법론이 있다면 무엇일까요?

많은 분이 묻는 질문이기도 해요. 너무나 당연한 말이지만 창업하려는 본인이 어떤 장점과 성향을 갖고 있는지 파악하는 것이 우선이라고 봐요. 요식업, 브랜딩 같은 창업 관련 키워드에 자신을 비춰보는 거예요. 예전에 한창 독립 서점이 많이 생겨나던 시기에 본인이 직접 서점을 만들어서 해보겠다는 분이 있었어요. 책을 그다지 좋아하지는 않는데 큐레이션을 잘할 수 있다고 자신했거든요. 저는 바로 창업하기보다 독립 서점에서 직접 일을 해보기를 권했어요. 카페 창업에 관심이 있다면 카페에서 아르바이트를 해보고요. 미리 경험해 보면서 나에게 맞는지 판단하는 것이 정말 중요해요. 여러 일을 해보며 '나는 카페 업무와는 어울리지 않는구나.', '나는 요식업으로 창업하면 안 되겠구나.'를 느껴보며 후보를 지워나가는 것도 좋은 방법이죠.

'이 사람은 정말 사업 잘하는 사람이다.'라고 감탄했거나 추천하고 싶은 사업가가 있나요?

저는 킬리만자로의 하이에나처럼 혼자 일하는 편이라 직접적으로 아는 사업가가 많지는 않은데요(웃음). 여러 미디어 또는 강연을 통해 접한 분 중 CIC F&B의 김왕일 대표님이 멋있다고 생각했어요. 저 스스로 추진력이 강한 사람이라고 생각하는데 저보다 더 뛰어나시더라고요. 스위스로 유학 갔다가 졸업 후 한국에 들어와서, 무작정 사업 기획서를 들고 50명이 넘는 사람을 만났다고 해요. 그렇게 첫 투자자를 만나 지금까지 사업을 키워온 거죠. 어떻게 그런 생각을 할 수 있었을까 대단하게 보였어요.

공간 사업에 몸담고 있는 만큼 공간 사업 분야가 앞으로 어떤 식으로 흘러갈 거라 예측하는지도 궁금해요.

제가 처음 이 사업을 시작했을 때만 해도 소비자들에게 공간을 빌려주는 채널은 스페이스 클라우드 한 곳밖에 없었어요. 있더라도 정말 작은 플랫폼들이었죠. 지금은 플랫폼이 많아졌는데, 그 이유를 보면 결국 많은 소비자가 공간을 더욱 필요로 하기 때문이에요. 친구들과 파티를 열고 싶고 유튜브 채널에 올릴 영상을 촬영하고 싶어서 공간을 찾는 거죠. 운영하는 공간의 콘셉트가 무엇인지, 그 안에 어떤 콘텐츠를 담을 것인지에 따라 공간 사업의 발전 가능성은 무한하다고 봐요.

마지막으로 창업을 고려하는 분들에게 해주고 싶은 말이 있다면 부탁드려요.

창업은 도전 그 자체이기 때문에 창업이라는 도전은 계속해야 한다는 생각을 갖고 있어요. 뉴스에서는 매번 다가오는 해가 경제적으로 더 어려울 것이라고 해요. 몇십 년 전 더 열악했던 상황에도 창업을 해서 사업을 일궈 나간 분들이 많잖아요. 창업을 시작하면 분명 정체기를 겪을 텐데, 계속 도전한다면 반드시 상승하는 시기가 분명 올 거예요. 힘든 시기에 창업을 하는 것이 중장기적으로 보면 좋은 전략이 될 수 있다고 생각해요.

PERSON 06
김한균, (주)에이비티아시아

창업을 한다는 것은
일이 곧 자신이 되는 것

사업과 하나 되지 않으면 성공하기 힘든
것이 창업이에요. 꼬박꼬박 삼시 세끼
챙겨 먹고 잠잘 것 다 자면서
성공한 창업가는 한 명도 보지 못했어요.

PERSON 06
김한균, (주)에이비티아시아

자기소개 부탁드립니다.

2010년에 창업해 뷰티, 헬스 분야에서 지속적으로 사업을 운영하고 있는 85년생 김한균입니다. 딱 한 번 성공하고 50번 정도 망했는데, 감사하게도 한 번 성공한 것만 알아봐 주시더라고요(웃음). 이제 마흔이 되어 앞으로 무엇을 해야 할지 많은 고민을 하고 있기도 합니다.

여러 분야에 걸쳐 사업을 하고 계시죠.

ABT라는 화장품 회사를 기반으로 물류, 마케팅, 부동산, 투자 관련 사업을 하고 있어요. 많은 분야에 걸쳐있다고 생각할 수 있지만, 결국 화장품을 판매하기 위해 필요한 분야를 모두 하고 있다고 보면 돼요. 저희가 할 수 없는 분야는 다른 업체와 협업하고, 앞서 언급한 분야들처럼 고객과 맞닿아 있는 부분은 직접 운영하고 있어요. 처음에는 좋아하는 일로 시작했는데 이렇게 커질 줄 몰랐죠(웃음).

현재는 'ABT'라는 사명이지만 이전의 사명은 '코스토리'로 알고 있어요. 각각 어떤 의미가 담겼는지 궁금해요.

처음 이 사업을 시작할 때 말 그대로 화장품이 정말 좋아서 제가 직접 화장품 브랜드를 만들어 운영해 보고 싶었어요. 내가 좋아하는 화장품 이야기를 세상에 들려주고 싶다는 생각으로 '코스메틱 스토리cosmetic story'를 줄여 '코스토리Costory'

로 사명을 지었죠.

그렇게 10년을 보냈어요. 중국 시장으로 확장하기 위해 해외를 오가는 동안 국내 운영을 다른 분에게 위임했어요. 당시 50명 수준이었던 규모가 다시 한국으로 돌아왔을 때는 130명 정도로 늘었더라고요. 어느새 회사는 크게 성장했는데 사내에 활기가 없어지고 정형화된 모습을 봤어요.

구성원들을 직접 만나 이 회사에 다니는 이유를 물었어요. '재무제표가 안정적이고 월급이 밀리지 않아서.'라는 이야기를 듣고 엄청나게 충격받았던 기억이 나. 그런 구성원들은 바로 권고사직했어요. 세상은 하루가 다르게 변하고 있는데 그들은 이 변화에 준비가 되어있지 않은 거죠. 너무 심하지 않냐고 하는 의견도 있었지만 저는 미래를 위한 결정을 했다고 생각해요.

더불어 업무 방식에도 변화를 줬어요. '화장품 회사라면 이렇게 일해야 돼.'라는 고정관념에서 벗어나 적극적으로 IT 기술을 활용하기로 했어요. 린 스타트업lean startup 개념에 맞게 최대한 빠르게 가설을 검증하고 기민하게 움직이며 다음 단계로 나아가는 전략을 채택했죠. 이와 동시에 바꾼 것이 사명이에요. 사업을 시작하며 이어온 '코스토리'라는 기존 사명을 바꾼다는 것이 개인적으로는 마음이 쓰라렸지만 반드시 필요했어요. 이제까지의 코스토리와는 다른 조직으로 탈바꿈한다는 의미였거든요.

ABT의 알파벳 각각에 의미를 담았어요. A는 알파벳의 첫 글자라는 상징성처럼 초심으로 돌아가자는 의미고요. B는 뷰티beauty, T는 기술technology을 의미해요. 이렇게 사명을 바꾸는 행위를 통해 기업의 비전 등 회사의 존재 이유를 다시금 제시할 필요가 있었죠. 10명도 안 되는 규모에서 100명이 넘는 규모로 성장할 때까지 명확한 조직 문화나 비전이 제대로 잡혀 있지 않았다는 점도 중요한 고려사항이었고요.

회사의 규모가 커지면서 발생한 부작용이기도 하네요.

회사에 일이 많아지다 보니 일단 채용하고 보는 경우가 많았어요. 시간이 걸리더라도 회사에 적합한 인재를 찾았어야 했는데 급하게 자리를 채우는 데 바빴죠. 한편으로는 새로 입사한 이들이 더 성장할 거라는 기대를 갖고 있기도 했고요. 당장은 아니지만 언젠가는 변화할 거라는 생각을 갖고서 계속 일을 가르치려고 노력했죠. 결과적으로는 단 한 번도 잘된 적이 없었어요. 같은 상황이 반복되면서 애초에 우리 기업만의 명확한 비전과 문화를 설정하는 것이 중요하다는 결론을 내렸어요. 지금도 시간을 할애하며 신경 쓰고 있는 부분이에요.

그렇게 정리한 조직 문화 가이드라인에는 어떤 내용이 들어있나요?

우선 회사의 사업 분야가 뷰티뿐만 아니라 헬스까지 확장되다 보니 내부 구성원들도 자신의 건강에 신경 써야 한다는 생각이 들었어요. '본인조차 뷰티와 헬스에 관심을 가지지 않는데 어떻게 고객을 설득할 수 있을까.'라는 생각이었죠. 그래서 본인을 가꾸는 비용을 회사에서 지원해 주기 시작했어요. 아름다움에 대한 가치만 아니라 체력을 기르는 건 스스로 무언가 성취하고 성과를 내는 데 중요한 덕목이기도 하니까요.

다음으로는 자신의 업무가 무엇인지 분명하게 공유하고 존재감 있게 일하는 문화를 강조했어요. 평소에는 어떻게 시간을 때울지 고민하며 보내다가 1년에 딱 한 번 성과 이야기가 나올 때만 열심히 일하는 직원들이 있었어요. 그런데 경영진은 다 알거든요. 팀을 이뤄 같이 했거나 다른 사람의 일을 지원해 줬을 뿐인데도 혼자 한 것처럼 성과를 부풀리는 직원들을요. 또한 실패해도 그 사실을 냉정하게 인정하고 투명하게 보고하는 문화도 강조했죠. 실패를 발판 삼아 다음에 더 나은 의사결정을 하면 좋을 텐데 '퇴사하면 그만이지.'라는 마음가짐으로 일하는 직원들도 있었거든요. 제가 실패에 익숙한 사람이라서 실패해도 반복하지만 않으면 된다고 생각하기 때문에 이런 부분들까지도 모두 고려했죠.

구성원과 관련한 이야기를 계속해서 나눠볼게요. 채용 면접을 진행할 때 어떤 가치에 비중을 두나요?

첫 번째는 그 사람의 타고난 성격과 성향, 두 번째는 노력, 세 번째는 꿈을 갖고 있는지 살펴봐요. 조금 더 구체적으로 설명하면 사람마다 변하지 않는 고유한 성향이 있는데요. 저와 정말 맞지 않는 사람이 합류했을 때는 모두가 힘들어지더라고요. 옳고 그름의 문제가 아니라 서로 결이 맞지 않아 발생하는 갈등 때문에요. 아무리 능력이 뛰어나도 같이 일할 수 없겠다는 결론을 내렸죠.

어느 정도 결이 맞는 사람이라는 생각이 들면 다음으로 노력하는 사람인지를 봐요. 대화를 나누다 보면 이전에 못하던 것을 노력을 통해 극복한 경험을 듣게 될 때가 있어요. 절실함 때문에 본인이 스스로 바뀐 경험도요. 이런 지원자가 입사하면 회사 입장에서도 좋고요. 회사가 그들에게 해줄 수 있는 것은 은퇴 이후 노후 대책 같은 것이 아니에요. 자신이 하고 싶은 일을 찾고 연마할 수 있는 경험을 선사해 주는 것이라고 보기 때문에 지원자에게도 이곳에서 일 한 경험이 본인의 미래를 위한 준비 과정이 될 수 있다고 생각해요.

꿈도 같은 맥락이에요. 직원이 회사를 본인들의 미래를 위한 발판으로 삼는다는 것은 서로의 가치관과 꿈이 같은 방향이라는 전제하에서 가능해요. 서로 전혀 다른 방향에 있다면 앞선 두 가지 가치에 부합해도 채용하지 않아요. 결국 안 좋게 헤어지더라고요. 그래서 저는 면접 자리에서 상대방의 꿈을 물어보고 회사의 가치관과 동떨어져 있다면 '그 꿈에는 저와 회사가 기여할 수 있는 것이 별로 없어 보여요.'라고 바로 이야기하는 편이에요.

이렇게 세 가지 가치에 부합하는 사람이 입사하면 그들이 나중에 퇴사해도 전혀 껄끄럽지 않아요. 보통 퇴사하면 좋지 않은 소리가 나오기 마련인데 저는 그렇게 생각하지도 않고요. 제가 운영하는 회사에서 같이 일했던 사람이 무언가 조금이라도 배우고 나가서 자신의 꿈을 향해 가는 자연스러운 모습이라고 생각해요.

앞서 말씀해 주신 가치 중 가장 중점적으로 보는 가치가 꿈이라고 생각되네요.

맞아요. 면접자들이 자신의 꿈을 표현하는 방식으로 조금 더 설명하면요. 우선 꿈을 추상적으로 표현하는 이들이 있어요. 면접관 입장에서는 '아직은 잘 모르겠다.'라고 솔직하게 말하는 편이 더 낫다고 생각할 정도로 저희 회사와는 맞지 않다고 생각해요. 반면 '창업하고 싶어요.' 라거나 '입사하고 3년 동안 일을 습득해서 화장품 브랜드를 만들고 싶어요.'라고 분명하게 말하는 이들은 어떤 일을 하더라도 적극적으로 실천하는 사람이라고 생각하게 되니까 함께 하고 싶죠.

보통 지원자들이 말하는 꿈은 '자아실현'과 '돈벌이' 두 가지로 요약할 수 있어요. 핵심 내용을 포장하기 위해 추상적으로 말하거나 온갖 형용사로 꾸미는 답변들이 생각보다 많아요. 그런 선례를 많이 봐왔기 때문에, 저는 바로 다음 질문을 던져 지원자의 진짜 꿈이 무엇인지 확인해요. '정말 하고 싶은 일을 최저 시급 받으면서 하고 싶나요? 아니면 정말 죽도록 하기 싫은 일을 억대 연봉을 받으면서 하고 싶나요.' 라고요. 대부분 쉽게 답하지 못하죠.

면접자들이 선택하는 비율은 어떤가요?

거의 절반으로 나뉘어요. 또는 적게 받더라도 좋아하는 일을 시작해서 성장하고 연봉을 높여갈 거라는 답변도 있었고요. 저는 면접 자리에서 이렇게 솔직하게 돈과 꿈에 대해 이야기를 나누고 싶어요. 저도 회사가 일하는 방식, 연봉 수준에 대해서는 오해가 없도록 면접 자리에서 명확하게 전달하고요. 반면 추상적인 표현으로 대화를 나누는 사람은 일도 막연하게 해요. 입사를 하더라도 뭘 해야 할지 모르죠.

회사에 배우러 왔다는 답변을 들을 때도 있어요. 그 말이 나오는 순간 잠정 탈락이에요. 회사는 학교가 아니잖아요. 초중고를 거쳐 대학교 내내 배웠는데 회사까지 와서 또 수동적으로 배우겠다는 말이거든요. 엘리트 코스를 밟으며 대기업을 알아보거나 공부하기 원한다면 대학원을 가보라고 솔직하게 이야기하죠.

이번에는 회사 수익에 대해 질문하겠습니다. 매출 규모와 대략적인 영업이익률이 궁금해요.

매출액은 매해 등락이 있어요. 2019년에는 2천억 원, 2020년에는 8백억 원으로요. 등락이 있다는 것을 인지하고 있어서 아직 안정적인 구조로 접어들지 못했다는 생각으로 경영하고 있어요. 글로벌 명품 브랜드로서의 위치를 확보하지 못한 화장품 브랜드가 갖는 한계점이라고 생각해요. 그래서 특정 사람, 특정 요인이 변수로 작용하지 않는 시스템으로 돌아가도록 만들기 위해 노력하고 있어요.

영업이익률과 관련해서 많은 사람이 화장품 사업은 원가가

낮은 사업이라 마진율이 높을 것이라고 생각해요. 하지만 오해예요. 판매비와 관리비가 정말 높은 수준으로 소요되기 때문에 영업이익이 큰 영향을 받죠. 경기에도 영향을 받고요. 정말 좋은 시절에는 45%였다가 급기야 5%까지 떨어지는 해도 있었어요. 광고 효율이 얼마나 좋았는지, 기업 대상 판매율이 얼마나 효율적이었는지, 수출 실적이 어떠했는지에 따라 변동성이 커요.

이렇게 큰 규모의 기업을 시작했던 첫 순간도 궁금해지네요.

처음부터 사업의 형태를 생각하지는 않았어요. 그저 화장품과 관련된 일을 하고 싶었어요. 고등학생 때부터 화장품을 좋아해서 화장품 가게에서 아르바이트를 하기도 했죠. 대학생 시절에는 우연히 제가 다니던 학교에 뷰티 학과가 생겨서 기존에 전공하던 광고와 더불어 뷰티학을 부전공으로 공부했어요. 화장품 마케팅 공모전도 참여하고 인턴 활동도 하면서 한 화장품 회사에 취업해서 2년 정도 일했어요. 동시에 뷰티 파워블로거로 오랜 기간 활동하기도 했고요. 이런 경험이 누적되면서 화장품 산업이 어떻게 돌아가는지, 화장품 마케팅을 어떻게 해야 하는지 습득했죠.

어느 순간 온라인 쇼핑 문화가 보편화되기 시작했는데 이커머스에 대해서는 생경한 거예요. 예전만 해도 로드샵 문화여서 제품을 만들어 전국 매장에 잘 뿌리기만 하면 걱정 없었거든요. 그런데 소비자의 소비 접점이 점차 온라인으로 옮겨간 거죠. 자연스레 이커머스에 관심을 갖게 됐고 소셜커머스

업체의 뷰티 분야 MD로 입사했어요. 회사에서 하루 20시간씩 보내면서 이커머스의 구조를 파악했어요. 결제가 중요하다는 점, 결제를 하기 위한 솔루션이 이미 존재한다는 점, 구매로 이어지는 상세 페이지를 기획하는 법, 유저들의 유입을 위해 효과적으로 광고하는 법, 물류의 중요성과 시스템 등에 대해 정말 깊이 알게 됐어요. 우리나라의 온라인 쇼핑몰 솔루션, 결제 시스템, 물류망이 워낙 잘 되어있어서 입사 세 달 만에 나도 할 수 있겠다는 생각이 들어서 회사를 나와 창업을 한 거죠.

혼자 원주에서 2백만 원으로 시작했어요. 디자인, 상품 계획, 광고, 배송 모두 제가 처리했죠. 하루에 50개 정도의 물량은 저 혼자 처리할 수 있으니까요. 사업 초기에는 퇴근하고 다른 곳에서 아르바이트를 하며 근로 소득과 사업 소득을 동시에 벌었어요. 그러다 어느 순간부터는 시간을 더 효율적으로 사용해야겠다는 생각을 했어요. 사실 인건비와 같은 고정비가 전체 비용에서 차지하는 비율이 정말 높아요. 단순히 매달 지급되는 인건비뿐 아니라 기회비용까지 고려하면 정말 고심해야 하는 결정이거든요. 그럼에도 특정 작업을 저보다 잘하는 직원을 채용하는 것이 더 이득이라 생각기 때문에 첫 직원으로 디자이너를 채용했어요. 제가 디자인 작업을 할 때 가장 많은 시간을 할애했거든요.

크고 작은 실패의 경험도 했겠죠?

2010년에 처음 사업 형태로 시작했던 뷰티 브랜드는 '완

Whan'이었어요. 남성용 브랜드였고, 주력 상품은 남자 컨실러였어요. 제가 컨실러를 사용했기 때문에 다들 쓰고 있는 줄 알았죠(웃음). 당연히 안 팔렸죠. 내가 좋아한다고 해서 만들어 팔면 안 된다는 것을 그때 체감했고, 구매할 잠재 소비자들이 뭘 원하는지 찾아보기 시작했어요. 이후 '파파레서피 Paparecipe' 브랜드를 새로 만들어서 아기들이 사용할 수 있는 오일을 만들었어요. 저와 비슷한 고민을 가진 소비자들이 원하는 것을 찾아본 후 만든 브랜드예요. 실제로 잠재 소비자들 사이에서 소문이 나면서부터 그 이후 본격적으로 성장했어요.

또 다른 실패 사례도 있어요. 중국 시장에서 급속도로 매출이 상승하면서 상품 카테고리별로 브랜드와 인원을 무분별하게 늘렸던 적이 있어요. 하나의 브랜드를 만들 때 5억 원 정도 필요한데 총 5십억 원을 투자해서 확장했죠. 그래도 그것까지는 괜찮았어요. 브랜드를 만들 때 성공하는 것도 있고 실패하는 것도 있으니까요. 중요한 점은 조직이 성숙하지 못한 상황에서 근거 없이 몇몇 사람에게 모든 권한을 위임했다는 거예요. 그동안 일을 잘해왔다고 지레짐작하면서 알아서 잘할 거라 믿었거든요. 보통 경영서에서 '위임'은 리더의 덕목 중 하나로 비중 있게 다뤄지잖아요. 하지만 위임받은 리더가 이끄는 조직이 쉽게 와해되고 브랜드가 망가지는 것을 목격하면서 좋은 내용이라고 해서 모든 상황에 들어맞지는 않는다는 걸 알게 됐죠. 누군가에게 무엇을 언제 어떻게 맡기는지는 온전히 제 책임이라는 중요한 사실을 그때 배웠어요.

이제 '스타트업'이라는 용어는 대중에게 친숙하죠. 다만 '사업'이라는 더 큰 범주의 개념과 겹치지 않는 부분도 있는 듯해요. 오랜 기간 사업을 이어오며 직접 지켜본 결과 두 개념 사이에는 어떤 차이가 있다고 보나요?

모호하게 들릴 수 있겠지만 창업은 그냥 사업이에요. 돈을 벌기 위해 하는 행위죠. 스타트업은 투자와 출구 전략이 더 중요해요. 상당수가 창업자 본인이 좋아서 시작한 경우겠지만 이후에는 투자를 어떤 시기에 받을지, 내 지분을 언제 처분할지 등이 비교적 중요해지죠. 저는 화장품을 좋아해서 창업한 것까지는 비슷하지만 투자를 받아 기업 가치를 높이기 위함이 아니라 돈을 벌며 생존하기 위해 지속해 왔어요. 그리고 '사업'이라고 생각했기 때문에, 한번 물건을 판매한 고객과는 계속해서 관계를 맺기 위해 끊임없이 노력했고요.

창업을 한 순간부터 하루하루 생존하기 위해 매출이라는 숫자에 온 정신이 매몰되죠. 중장기적으로 브랜드를 구축하며 더 가치 있는 사업으로 키워가고 싶지만 현실적으로 힘겨울 때가 많습니다.

파파레서피는 아기용 화장품으로 시작했지만 정작 지금까지 가장 많은 돈을 벌어다 준 제품은 마스크팩과 같은 스킨케어 제품이었어요. 가치 있는 브랜드는 결국 생산자가 아닌 소비자가 정해준다는 말을 하고 싶어요. 생산자가 아무리 자신이 만든 제품이 고급스럽고 가치 있다고 말해도 소비자가 인정해 주지 않으면 아무 소용없으니까요. 그리고 소비자들이 '이런 제품 만들어주세요.'라고 할 때 '우리 브랜드는 그런 제품 만들지 않습니다. 우리 브랜드와 어울리는 것을 만듭니다.'라고 하는 업체도 있어요. 콧대 높이며 우리 브랜드가 뛰어나다고 백날 말하는 것보다 이 브랜드가 왜 세상에 태어났는지를 말해주는 것이 더 의미 있다고 봐요.

비슷한 맥락에서 기업의 성장세를 어떻게 지속해 올 수 있었는지 많은 사람이 궁금해할 듯해요.

성장세를 지속하지는 못했는데요(웃음). 그래도 적자를 한 번도 내지 않아서 다행이라고 생각해요. 10년이 넘는 지난 시간 동안 단돈 1원이라도 마진을 남길 수 있었던 중요한 요소는 제가 돈의 흐름을 파악하고 있었다는 점이에요. 갑자기 돈을 많이 벌게 되면 그 사실에 취하는 경우가 있어요. 저도 사흘 정도 취해있었던 것 같은데요(웃음). 그 상황에서 빠져나오는 데에 그리 오래 걸리지는 않았어요. 가장 못 벌었을 때는 사업 초창기에 연 2천만 원, 가장 많이 벌었을 때는 사업 9년 차에 연 2백억 원 정도로 그 안에서 제가 할 수 있는 것들을 준비했어요. 2천만 원이면 2천만 원에 맞게, 2백억 원이면 2백억 원에 맞게요. 갑자기 돈을 벌었다고 해서 그동안 안 하던 것을 하는 것이 아니라 그동안 하던 일을 꾸준히 했고요. 회사에 필요한 사옥을 매입한다거나 사업에 도움이 될 만한 투자를 했죠. 즉 기업의 지속 가능성이라는 가치를 확보하기 위해 돈의 흐름을 조절했어요.

많은 돈을 갖게 되면 '이만하면 됐지.'라는 나태함에 빠질 수도 있었을 텐데 어떻게 이를 극복했나요?

두 가지를 했어요. 우선 운동을 정말 격하게 해요. 적자를 한 번도 낸 적 없다고 말하긴 했지만 매출이 떨어지면 걱정도 되고 스트레스도 받거든요. 그럴 때는 뛰어요. 뛰고 있으면 지금 당장 몸이 힘든 것만 생각하게 돼요. 게다가 운동을 할 때 유일한 변수는 저 자신 하나예요. 나 하나만 이불 밖으로 나가서 뛰면 성공할 수 있어요. 날씨 때문에 못 나간다, 아파서 못 나간다 이런저런 핑계를 대지만 않으면 되죠. 누워서 30분 동안 스마트폰 만지고 있는 시간에 나가서 30분 동안 운동을 하겠다고 생각하면서 나가요. 언제 올지 모르는 기회를 놓치지 않기 위한 체력, 정신 훈련이라는 생각도 하고요.

다음으로는 다수의 해외 출장 경험이에요. 해외를 나가면 두 가지를 배울 수 있어요. '나는 지구의 먼지처럼 작은 존재구나.'를 우선 느끼게 되고요. 사회적으로 나보다 더 성공한 사람들, 성공하지 못한 사람들을 끝도 없이 보게 돼요. 그러면 계속해서 더 위로 올라가려고 발버둥 치기보다 역설적으로 지금 내가 하고 있는 일에 애정이 생기며 집중하게 되더라고요. 마음 한편에는 언제든 내 그릇을 깨부술 준비를 하면서요.

종종 사람들이 다시 20대로 돌아가고 싶지 않냐고 물어볼 때가 있어요. 제 대답은 언제나 'NO'예요. 그만큼 치열하게 살아왔거든요. 남들과 비교했을 때 내 노력의 정도를 따지는 것이 아니라 스스로 자신을 바라봤을 때 부끄럼 없이 정말 열심히 살아왔다는 생각, 이 생각이 참 중요한 역할을 했다고 봐요.

동시에 큰 성공으로 인해 자만에 빠질 위험도 존재하죠.

자만에 빠지는 순간이 생기는 건 사실이에요. 이 정도 큰 금액이면 평생 놀고먹을 수 있겠다는 생각이 드니까요. 하지만 곧 그럴 수 없다는 것을 깨닫죠. 오히려 각 시기와 나이에 맞는 투자를 하지 않으면 뒤처지겠다는 생각을 했어요. 그래서 중국에서 MBA 과정을 밟았고 지금은 새로운 프로젝트를 위해 제주도에 땅을 사고 건물을 짓는 데 자금을 투입하고 있어요. 롤스로이스를 구매하는 것은 뒤로 미루려고요(웃음). 차라리 얼마가 됐든 나의 성장에 투자하는 것이 더 나은 선택이라고 봐요. 지금껏 그래왔고요.

모든 상황을 리스크 관리 차원에서 바라보는 관점도 중요해요. 처음 화장품을 제조했을 때 거금을 들여서 질 좋은 화장품을 만들었어요. 당장은 마진이 크지 않더라도 확실히 판매가 가능한 안정적인 선택이라고 생각했죠. 괜한 불확실성을 만들어서 가족, 회사를 위험에 빠뜨리고 싶지 않았거든요. 지금껏 무차입 경영을 해온 이유이기도 해요. 법인 부채나 거래처 미수금이 없고 개인 차원에서도 대출이 없어요. '통제 변수變數를 줄이고 상수常數로 만든다'가 경영 철학에 가까워요.

하루 일과는 어떻게 흘러가는지 궁금하네요.

예전에는 하루 일과를 시간에 맞췄어요. 7시에 일어나서 7시 40분쯤 아이들을 학교에 데려다주고 운동을 한 후 사무실로 출근해요. 11시부터 오후 3시까지는 외부 미팅을 하고 이후 업무를 본 다음 저녁 약속이 있으면 일정을 소화하고 집으로 돌아가는 식이었어요.

2019년부터 서울과 제주를 오가는 생활이 시작됐어요. 화요일부터 목요일까지는 서울에, 금요일부터 월요일까지는 제주도에 머물렀죠. 일주일의 반을 나눠 서울과 제주를 오가는 삶을 살다 보니 너무 힘들더라고요. 그런 생활이 3년 정도 지났을 때 문득 '내 일상을 시간에 맞추지 말고 상황에 맞춰야겠다.'는 생각이 들었어요. 그때부터 일상을 다르게 살았어요. 예를 들어 차를 타고 이동할 때는 통화로 처리할 수 있는 업무만 하는 식으로요.

애초에 상황을 바꿔두는 것도 포함돼요. 회사 출퇴근 시간을 반드시 10분 이내로 맞춰요. 이동하는 시간을 제외하면 제대로 업무를 처리할 수 있는 시간이 이틀 반나절밖에 안 되거든요. 해외로 출장 갈 때도 아침에 도착하는 비행기를 타요. 도착한 후 바로 일과를 소화할 수 있도록요. 최대한 핑계로 삼을 수 있을 만한 변수를 없애는 거예요. 사업을 하다 보면 정말 많은 환경의 변화가 들이닥쳐요. 그럴 때 핑계만 대는 사람은 성장할 수 없어요. 저는 최대한 스스로를 탓하며 무엇을 수정해야 할지 고민해요. 실제로 지난 코로나 기간에 저와 회사 모두 다음 단계를 어떻게 밟아갈지 천천히 고민하기도 했고요.

그리고 환경에는 시간과 공간뿐 아니라 만나는 사람도 포함돼요. 아무리 대단한 사람이라도 저에게 부정적인 에너지를 주거나 제 일상에 나쁜 영향을 끼치는 사람은 절대 만나지 않아요. 그 사람이 내 시간과 에너지를 보전해 주지 않으니까요.

지금까지 쌓아온 노하우를 후배들에게 어떻게 전달할 수 있을지도 고민해 보셨을 듯해요.

본격적인 후배 양성은 지금의 제 일을 모두 손에서 놓은 이후에 할 수 있을 듯한데요. 사실 저와 함께 일하던 직원들이 회사를 나가서 직접 창업하는 상황들이 모두 같은 범주에 있다고 봐요. 비서 직무를 맡으며 제 옆에 가장 오래 있었던 친구가 있어요. 자신만의 브랜드를 갖는 것이 꿈이었는데, 실제로 지금은 브랜드를 만들어서 잘 운영하고 있죠. 사업을 하는 와중에 종종 저에게 부탁을 해요. 회사 내에 이런 상황, 이런 직원이 있는데 어떻게 관리해야 하는지, 어떤 마켓에 입점해야 하는데 관련 담당자와 어떻게 연락해야 하는지 등. 제가 안 도와줄 이유가 없죠. 저 개인이나 제 회사에 직접적으로 돌아오는 물질적 혜택은 없을지 몰라도 저와 함께 일하던 친구가 성공했다는 것 하나만으로도 저에게 큰 자산이 된다고 생각하거든요. 이와 비슷한 친구들이 네 명 정도 있어요.

또 이와는 별개로 엔젤 투자를 하기도 해요. 5천만 원씩 열두 개 초기 창업 기업에 투자했어요. 그중 열 명은 도망가서 연락이 안 되고, 나머지 두 명은 지금도 사업을 잘 운영하고 있어요. 그중 한 친구는 18살이 되던 해에 고등학교를 자퇴하고 사업하고 싶다고 저를 찾아왔어요. 이야기를 나눠보고 바로 투자했어요. 1년 뒤 추가 투자를 요청해 와서 한 번 더 투자했어요. 다행히 성과를 잘 내고 있죠. 엔젤 투자 특성상 대부분의 투자가 실패하지만 이렇게 성공하는 경우가 생기면 제 자존감을 높여주기도 해요(웃음).

마지막 질문입니다. 창업을 한다는 것의 의미를 어떻게 정의하고 있나요?

먹고 싶은 것, 보고 싶은 것, 놀고 싶은 것 모두 하면 안 되는 삶이죠(웃음). 하루 24시간, 모든 시간을 일에만 집중해야 돼요. 심지어 잠자는 시간까지도요. 사업과 하나 되지 않으면 성공하기 힘든 것이 창업이에요. 꼬박꼬박 삼시 세끼 챙겨 먹고 잠잘 것 다 자면서 성공한 창업가는 한 명도 보지 못했어요. 일이 곧 자기 자신이 되는 삶을 사는 것이 창업이죠.

PERSON 07
필자생, (주)크리에이티브크루

창업을 한다는 것은 외롭게 싸우는 것

창업 그 자체에 매몰되기보다
본인이 잘하고 관심 있는 분야를
공급자의 입장에서 어떻게 수익화할 수
있을지 고민해 보면 좋겠어요.

PERSON 07
필자생, (주)크리에이티브크루

자기소개 부탁드립니다.

'필자생'이라는 필명으로 활동하고 있습니다. 사업한 지는 10년 정도 됐어요. 최근 5년은 온라인 이커머스 분야에서 사업하고 있어요. 더불어 공유 사무실 창업, 사업 관련 교육과 DAO 등 블록체인 관련 도서도 공저자로 집필했습니다.

현재 '크리에이티브 크루Creative Crew'라는 회사를 운영하고 있고요. 회사 이름에 사람과 관련된 단어가 들어갔으면 해서 '크루'를 우선 넣었어요. 또 말 그대로 창의적인 사람들이 모이면 좋겠다는 생각으로 '크리에이티브'를 수식어로 붙였죠. 그래서 공유 사무실 이름도 '크리에이터 랩스creator labs'로 정했어요.

워낙 다양한 일을 하고 있다 보니 분야를 나누어 이야기해야겠어요.

우선 온라인 유통 분야의 구조는 단순해요. 국내 또는 중국에서 물건을 도매로 사와서 쿠팡, 지마켓, 옥션, 11번가, 카카오톡 선물하기 등 온라인 유통 채널에서 판매하는 형태죠. 자사몰 매출도 있지만 유의미하지는 않아요. 소비자들에게 가장 가까운 채널에서 물건을 전달하는 것이 저희 역할이라고 생각하기 때문이에요.

사업 관련 교육을 통해서는 온라인 유통에 대한 실질적이고 실무적인 정보를 전달하고 있어요. 온라인 유통 분야에 5년 정도 있으면서 배운 노하우를 공유하는 식이죠. 오픈 채팅방, 블로그 등을 통해서 매출 구조, 상품 소싱, 스마트스토어 창업 등에 대해 교육하고 있어요. 특히 위탁 판매 구조는 운영하기 어려워진 만큼 사입 또는 자체 제작 상품 판매 구조를 소개하면서 유통의 다양한 스펙트럼을 다루죠. 약 반년 동안 1백 명의 수강생이 참여했고 3주 동안 2천5백만 원의 매출을 달성한 분도 몇몇 있어. 곧 억 단위 매출액을 달성하는 분들이 나오지 않을까 기대하고 있습니다.

공유 사무실을 운영하는 것도 교육 사업의 일환이에요. 사업 교육을 수강하신 분들 중 교육 이후에 지속적으로 자신의 사업을 컨설팅해 달라는 요청이 많았거든요. 아예 제가 운영하는 공유 사무실에 입주하면 더 가까이서 컨설팅할 수 있겠다는 생각이었어요. 당연히 사용료를 받고 있고요. 다만 굉장히 저렴한 가격으로 책정해서 운영하고 있어요. 고정 좌석은 한 달에 75,000원, 자율 좌석은 37,500원으로요. 유명 강사들은 사업 교육 한 회당 몇백만 원, 사무실 입주비도 한 달에 몇십만 원씩 받는 경우가 있잖아요. 저 역시 비싼 가격으로 받고 싶지만 결국 그들의 사업이 궤도에 올라야 저도 지속적으로 수혜를 받을 수 있겠다는 생각이 들더라고요. 적어도 1년 정도는 최대한 지원해 주려고요. 1년 이후 그들이 잘된다면 저도 보상받을 생각이 있습니다.

공유 사무실은 어디에 위치하고 있나요?

서울 교대역 근처에 있어요. 제가 운영하는 유통 회사도 그 근처에 있거든요. 그래서 장점이 있어요. 저희 구역을 맡아주시는 택배 기사님이 건당 물류 단가를 저렴하게 맞춰줘요. 처음 물류 업체와 계약을 맺으면 대략 건당 3,500원 선에서 가격을 설정하는데요. 물량이 많은 저희 사업체와 같은 가격으로 맞춰주기 때문에 입주사도 2,000원에 택배를 보낼 수 있어요. 큰 장점이죠.

서울이 아닌 지방에 거주함에도 불구하고 공유 사무실을 사용하는 분들도 있어요. 멀어서 사용하지 못할 텐데 그 이유를 물어보니 이렇게라도 이 커뮤니티에 소속감을 느끼며 동기부여를 받고 싶다 하시더라고요. 비싼 가격이 아니기 때문에 공간 사용보다 네트워킹이라는 가치를 생각해 금액을 지불하는 셈이죠. 교육을 기수제로 운영하고 있거든요. 같은 기수끼리 교육 이후에도 정기적으로 시장 및 상품 분석 리포트를 작성해 이야기 나누도록 권유하기도 하고요. 기수마다 분위기가 다르다 보니 흐지부지되는 경우도 있어서 공유 사무실에 모여 그 아쉬움을 달래는 분들이 꽤 많아요. 저도 한 달에 한 번씩 정기적으로 연사 초청 강의를 마련하거나 좋은 업체 또는 상품에 대한 자료를 보내드리는 등 여러 노력을 기울이고 있어요. 장기적으로는 지금의 공유 사무실이 멤버십과 같은 구조로 운영될 듯해요.

각 사업의 매출 규모와 마진율도 궁금합니다.

온라인 유통의 경우 2021년 기준으로 연 47억 원 매출을 올렸어요. 보통 원가의 두 배를 판매가로 설정해서 판매해요. 원가가 5,000원인 상품의 판매가는 10,000원이 되는 거죠. 이렇게 이야기하면 많은 이들이 50% 마진율을 남긴다고 생각해요. 그렇다면 저는 엄청 부자가 됐겠지만 실제로는 그렇지 않습니다(웃음). 우선 온라인 유통 채널에 입점하면 30% 정도의 수수료가 나가요. 네이버 스마트스토어와 쿠팡의 경우 수수료가 30%보다 저렴하지만 광고를 하지 않으면 매출이 저조하기 때문에 추가로 광고비가 발생하고요. 이렇게 따지면 20% 정도의 마진이 남지만 그 안에서 인건비와 임대료를 제외하면 더 줄어들 수밖에 없어요. 다만 일반화할 수는 없어요. 현재 저희가 판매하는 약 2천 개의 상품 중 고(高) 마진 상품들이 존재하거든요. 반드시 모든 상품의 원가율이 50%는 아니라는 의미죠. 20~30% 원가율을 가진 상품으로 발생한 매출로 수익을 보전하기도 합니다.

그렇다면 총 매출액과 상품 SKU를 같이 두고 봤을 때 상품별 매출액의 비중 분포가 어떤지도 궁금해지네요.

롱테일 형태라고 볼 수 있어요. 일부 상품이 전체 매출 비중을 독식하는 구조가 아니라 상대적으로 고루 퍼져있죠. 잘 팔리는 상위 20%의 상품이 전체 매출의 50% 정도를 차지하고 있습니다.

이는 저관여 상품 위주로 판매 상품을 선택하기 때문이에요.

대부분의 사람들이 10,000원 이하 상품에 대해서는 상당히 관대하거든요. 비싼 전자제품을 구매할 때는 정말 오랫동안 고민하고 살펴보고 비교한 후에 구매하잖아요. 반면 몇천 원짜리 물건 살 때는 '이거 정말 사도 될까?' 하고 고민하지 않고 바로 장바구니에 담죠. 그렇게 장바구니에 저렴한 물건들을 담다 보면 어느새 결제할 금액이 1만 원 이상 되어있죠. 게다가 온라인으로 쇼핑할 때는 구매 금액에 따라 배송비 부과 여부가 결정되는 점도 영향을 미치고요.

이 전략에는 또 다른 장점이 있어요. 고관여 상품을 판매하는 브랜드의 경우 판매자와 소비자 모두 가격에 민감해요. 경쟁사가 치킨 게임을 걸어오면 대응하기 어려워요. 마진율도 떨어지죠. 반면 저희는 원가 자체가 오르지 않는 이상 한번 정한 판매가는 절대 인하하지 않아요. 소모적인 경쟁을 피할 수 있죠. 덕분에 최소한의 고정된 마진율을 지키면서 지금까지 매년 20%씩 성장해 왔어요.

택배비에 대한 언급을 해주셨는데요. 온라인 유통 업계에서 통용되는 소위 택배비 백마진개념도 무시할 수 없죠.

결론적으로 현재 저희가 택배사에 건별로 지급하는 택배비는 소비자에게 받는 건당 배송비보다 저렴해요. 당연한 이야기지만 판매 물량, 즉 배송되는 건수가 적은 판매 업체는 배송비를 비싸게 내야 해요. 정말 비싸게 지불하는 곳은 건당 4,000원까지도 낸다고 들었어요. 반면 저희는 한 달에 대략 4만 건 정도의 물량이 배송되는 만큼 택배비 할인을 많이 받

아요. 소비자가 지불하는 배송비는 고정되어 있는 반면 저희가 택배사에 지불하는 택배비는 줄어드니 그만큼 저희에게 수익으로 남는 거예요. 고객 입장에서는 저희 회사가 큰 회사인지 작은 회사인지 모르기 때문에 이런 구조에 관심도 없을뿐더러 안다고 하더라도 배송비에 불만을 가지지 않아요. 앞서 설명드렸듯 상품당 마진율이 낮은 구조임에도 고정비를 상쇄할 수 있는 이유가 여기에 있어요.

다만 제삼자물류를 사용하면 이런 이점을 누릴 수 없겠죠. 어찌 보면 당연해요. 제삼자물류 업체에게 지불하는 비용에는 인건비, 박스 비용 등이 모두 포함되어 있으니까요. 결국 회사 내부에 물류 팀을 두고 직접 운영할 것인지 제삼자물류 업체에게 맡길 것인지 결정해야 하죠. 참고로 제삼자물류 업체는 다품종 소량 물량을 받아주지 않는 경우가 많아요. 관리하기 힘들기 때문에. 저희도 스큐가 2천 개다 보니 직접 물류 팀을 꾸려서 운영하고 있는 거고요.

회사 내부 인원 규모는 어느 정도인가요?

총 30명 규모로 운영하고 있어요. 물류 팀의 경우 주 2일 또는 주 3일 출근해서 짧은 시간 근무하는 분들과 풀타임 근무자를 모두 포함하면 20명 정도예요. CS, 디자인, 상품 등록 등 사무 쪽 업무를 하시는 분들은 10명 정도고요.

잠시 대표님 본인에게 초점을 맞춰볼게요. 지금의 사업이 첫 창업이 아니라고 들었어요. 처음 창업을 시작했던 계기가 궁금하네요.

2013년도에 회사에 입사해 페이스북 마케팅 업무를 맡았어요. 일하면서 꽤 많은 성과를 냈지만 받은 인센티브는 50,000원이 전부였어요. 저에게 일을 시켰던 분은 업무 시간에 게임을 하고 있었고요. 이 조직을 계속 믿고 갈 수 없겠다는 생각이 들었죠. 결국 회사와는 별개로 한 달 동안 좋아요 30만 개를 달성한 페이스북 페이지 두 개를 직접 만들었어요. 그렇게 페이지를 운영하고 있는데 메시지 하나가 오더라고요. 본인 업체 광고를 페이지에 올려주면 한 달에 1천만 원을 주겠다고요. 그 메시지를 받고 곧 퇴사했어요(웃음).

그렇게 본격적으로 페이스북 페이지를 활용한 광고를 운영하기 시작했어요. 지금 돌아보면 제가 너무 어렸던 터라 단순하게 운영했다는 아쉬움이 남아요. 페이스북에서는 제삼자 광고를 원칙적으로 금지하는데, 이를 피해 갈 수 있는 방법을 모색하지 않고 계속 운영하다가 페이지가 삭제됐거든요. 당시 페이지 하나당 판매 시세가 3천만 원이었는데 하루아침에 3천만 원이 없어져 버린 거죠.

그때 통장 잔고를 보니 페이지가 삭제되기 전까지 모은 광고 수익이 5천만 원 이상이더라고요. 회사 다닐 때는 5백만 원도 모아본 적 없는데 나름 큰돈을 4개월 만에 모은 거예요. 이 금액으로 뭘 할지 고민했어요. 집을 옮길지 차를 구매할지. 이런저런 생각을 하다가 이런 것들이 내 인생을 바꾸지는 못하겠다는 생각이 들어서 '소셜 블루'라는 회사를 창업했어요.

직원은 3명을 고용했어요. 이전에는 한 달에 1천만 원씩 벌었는데 직원에게 월급을 주니까 한 달에 5백만 원씩 적자가 나더라고요. 더군다나 그동안 제가 잘하던 페이지 운영을 할 수가 없고 직원 교육만 하고 있으니 마음도 다급해졌어요. 직원들이 성과를 내기 시작하면서부터 안정적으로 운영할 수 있게 됐죠. 돌이켜보면 직원 교육도 사업을 지속하기 위해 꼭 필요한 과정이었다고 생각해요. 제가 일하지 않아도 회사가 운영되는 시스템이 필요했으니까요.

처음 창업한 회사임에도 좋은 성과를 이뤘네요.

영화사에서 광고 제안을 받아 영화 한 편에 대한 SNS 광고를 도맡아 할 정도였으니까요. 그렇게 잘 운영하던 중에 2백억 원을 투자받은 큰 미디어 회사로부터 인수 제안을 받았어요. 8억 원 규모의 제안이었죠. 이전 사업으로 지출한 5천만 원은 현금으로 받고 나머지 7억 5천만 원은 회사 지분으로 받으면서 인수 계약이 성사됐는데요. 결론부터 이야기하면 소셜 블루를 인수한 자회사가 망했어요. 2백억 원 투자받은 모회사가 있고, 그 자회사가 소셜 블루를 인수하는 형태였거든요. 계약으로 받은 지분이 아무 쓸모없는 주식이 됐죠. 그래도 당시 팀 규모가 30명까지 늘어나면서 경험해 보지 못했던 규모의 팀을 운영했던 것이 저에게 큰 도움이 됐어요. 말씀드렸듯 지금의 팀 규모도 30명이라 운영하는 데 큰 부담이 없고요.

그다음 창업이 지금의 온라인 유통 사업이지요.

맞아요. 우선 소셜 블루를 인수했던 회사가 콘텐츠 제작회사라서 다양한 미디어 채널을 만들었어요. 유튜브 채널과 페이스북 페이지의 성과수치만 합쳐도 수백만은 될 거예요. 문제는 회사가 망한 뒤에 보니 몇 년 사이에 시장의 패러다임이 달라져 있는 거예요. 어떤 미디어 채널이든 규모를 키우는 난이도가 상당히 높아져 있었어요. 그래서 미디어 채널을 만들어 광고 수익을 창출하는 방식은 힘들겠다고 생각해서 온라인 유통으로 사업의 방향을 틀었어요. 물론 진입 장벽이 없지 않았지만 한번 진입 장벽을 넘고 나면 훨씬 안정적인 분야라는 생각도 했고요.

그럼에도 미디어 분야라는 커리어에서 이커머스 분야로 도전하는 것이 쉽지 않았겠다는 생각이 들어요.

대부분 미디어 사업과 이커머스 사업을 이질적인 분야로 나눠서 봐요. 저는 그 본질이 비슷하다고 보거든요. 결국 큐레이션의 마법이에요. 미디어 사업이 사람들이 요즘 좋아하는 코드를 찾아내는 것과 찾아낸 코드를 콘텐츠로 재가공해서 다시 사람들에게 선보이는 것처럼 이커머스 사업 역시 사람들이 좋아하는 상품을 발굴해서 소개하는 거예요. 수많은 상품 중에서 진짜를 골라내는 작업인 거죠.

오히려 이커머스 사업이 미디어 사업보다 수명이 더 길다는 생각도 해요. 5년 전에 만들어진 유튜브 콘텐츠 중 사람들이 지금도 보는 영상이 존재하긴 하지만 아주 희소하죠. 사람들은 새로운 영상에 대한 니즈가 높아요. 반면 상품은 수명이 길어서 5년 전에 팔리던 제품 중 70%가 여전히 잘 팔리고 있어요. 사업을 영위하는 입장에서는 상당히 안정적인 느낌을 받죠.

더불어 현재 콘텐츠는 대부분 유튜브라는 채널 하나로 규합되고 있어요. 영상 크리에이터는 유튜브에서 살아남지 못하는 순간 경쟁력이 없어지지만 이커머스 사업자는 지마켓, 카카오톡 선물하기, 텐바이텐 등 수십 개 채널에서 상품을 판매할 수 있어요. 특정 채널에서 잘 팔리지 않더라도 다른 채널에서 잘될 수도 있고요. 판매 채널의 특성에 따라 수많은 방법론이 개발될 수도 있죠. 자신이 판매하는 상품과 궁합이 맞는 플랫폼을 찾으면 충분히 살아남을 수 있다는 점도 이커머스 사업이 매력적인 이유예요.

미디어 사업에 맞는 성향, 커머스 사업에 맞는 성향이 별도로 존재하겠네요.

맞습니다. 특히 우리나라에서는 여전히 상업을 경시하는 분위기가 있어요. 공부를 잘해서 좋은 학교를 들어가고 싶은 욕구는 큰 반면, 장사로 성공하고 싶은 욕구는 있더라도 겉으로 내비치지 않죠. 저는 오히려 이 부분이 진입 장벽이 된다고 생각해요. 겉으로 멋있는 분야에 들어가려면 경쟁이 치열하니까요. 반면 커머스 분야는 본인이 조금만 열심히 노력하면 충분히 살아남을 수 있는 시장이에요.

덧붙여 커머스 사업을 하려면 다른 이들에게 인정받고 싶은 욕구를 포기하면 됩니다. 예를 들어 유튜브 구독자 1백만 명 채널을 운영한다고 하면 사람들이 대단하게 생각하지만, 2천 개 상품을 판매하고 있다고 하면 크게 와닿지 않잖아요. 저는 그런 인정에 대한 욕구를 포기한 지 오래고, 순수하게 제 실력이 누적되는 비즈니스를 하고 있다는 사실에 더 큰 만족감을 느껴요. 더불어 대중에게 노출되지 않는다는 점도 제 성향과 맞고요. 매출액이 정말 높아져서 강제적으로 노출되지 않는 이상 누군가에게 알리려 하지 않아도 무방한 사업이에요.

현재 운영하는 커머스 사업 초기 창업은 어느 정도의 자본으로 시작했는지도 궁금해요.

이야기하자면 길지만 결과적으로 사업을 시작할 때의 투자금은 사기당해서 모두 날렸어요(웃음). 이후 1천만 원 정도의 자금으로 지금의 사업 모델을 꾸렸죠. 다시 단칸방으로 들어갔어요. 도매 사이트에서 물건을 많이는 사지 못하고 여러 품목을 3개씩 떼어와서 책상 서랍에 넣어두고 판매했죠.

다행히 당시 스마트스토어가 막 등장할 때여서 시기가 좋았어요. 지금처럼 사람들이 유통 사업에 관심이 많던 시기도 아니어서 경쟁도 덜 했고요. 1년 만에 매출액 20억 원 규모로 성장했어요. 그렇다고 마냥 좋은 것은 아니었어요. 매출액은 높아져도 실제로 정산되는 현금 흐름이 그 속도를 따라오지 못했거든요. 다행히 스마트스토어 수수료가 5% 수준으로 낮기도 했고 주위에 돈을 조금씩 빌리면서 어떻게든 첫 해를 견뎠어요. 그다음 해부터는 성장률과 현금 흐름이 안정되면서 상황이 괜찮아졌죠.

사업의 부침을 모두 겪어 봤는데요. 현시점에서 돌이켜 봤을 때 다시 돌아간다면 하지 않을 실수가 있을까요?

주위 사람들의 눈치를 많이 봤던 점이에요. 지금 생각해 보면 당시 소셜 블루를 인수했던 회사의 투자 구조가 폰지 사기였다고 보는데요. 그 구조 안에서 투자 받고 싶었던 제 마음이 실은 사람들에게 멋있게 보이고 싶다는 마음에서 비롯됐다는 것을 깨달았어요. 장사라는 본질에 집중하지 않고 멋있는 지위와 역할에 집착한 거죠. 그런 생각을 깨트리는 것도 어려웠어요(웃음).

창업을 하는 순간부터 매일 매출을 고민하게 되죠. 당장의 매출과 중장기적인 비전을 함께 고려하기에는 힘든 점이 많기도 하고요.

지금껏 중장기적인 계획이 제대로 진행된 적이 한 번도 없었어요. 지금의 유통 사업도 생존해야겠다는 생각으로 이런저런 시도를 하다가 사업 아이템을 정한 거예요. 어떻게 보면 생존 그 자체가 본질이라는 생각을 해요. 올 한 해만 하더라도 변수가 굉장히 많잖아요. 누가 코로나 유행을 예측할 수 있었겠어요. 변화에 민첩하게 대응할 수 있는 적응력이 중요한 거죠. 이런 면에서 자영업자에게는 중장기적 관점으로 세운 계획이 오히려 독이 될 수도 있겠다는 생각도 들어요.

직원으로서 대표로서 일한 경험 모두 팀을 운영하는 데에 큰 도움이 됐을 듯해요. 어떤 기준을 갖고 채용하는지 묻고 싶습니다.

채용 기준은 성실성이에요. 저희 회사에 가장 오래 근속하신 물류 팀 직원 한 분이 있어요. 여전히 일이 서툰데도 불구하고 지금까지 함께 일하는 이유는 그분이 성실하기 때문이에요. 이 사례를 통해 이 회사에서는 성실성이 무엇보다 중요한 가치와 문화라는 사실을 모든 직원들이 느끼도록 하죠. 저희 회사에는 스타플레이어는 없지만 서로를 존중하고 일에 대한 프로 의식을 가진 분들이 모여 있어요. 업무의 효율성을 중요하게 여기는 창업가는 답답하게 느낄 수도 있을 텐데요. 일을 잘하는 것과 열심히 하는 것. 두 가치관 중 저는 후자를 선택했어요. 사업의 특성상 수명이 긴 상품들을 취급하게 되면서 공격수보다는 수비수가 더 적합하기도 하고요. 혁신보다 내실을 다져가는 조직 구조를 기반해 채용하고 있어요.

그런 특성은 짧은 면접 시간 동안 온전히 파악하기 어렵겠어요.

그렇죠. 우선 면접 시 사람의 성향을 잘 파악하는 직원 두세 명과 함께 들어가요. 면접자에게 큰 회사처럼 멋지게 보이려는 의도가 아니라, 면접자가 우리 조직에 맞는 성실성을 갖춘 사람인지 보기 위함이에요. 본인의 똑똑함으로 상황을 유리하게 바꾸려는 성향을 가지고 있는지 아니면 공동의 이익을 생각하는 사람인지도 살펴보는 거죠. 한 번은 2시간가량 면접을 진행했더니 화를 내는 면접자도 있더라고요(웃음). 거기서도 일에 대한 태도가 드러난다고 생각해요. 가볍게 몇 개월 일하고 나갈 곳이라는 생각이 기저에 있다고 보거든요. 만약 그런 사람을 채용했다가 팀 전체 분위기가 흐려지면 오히려 더 큰 손해인 거예요. 이런 맥락에서 성실하고 남에게 피해 끼치지 않으려는 사람을 채용하려고 하죠.

그러고 보면 몇 가지 특성을 일반화해서 채용하기가 어려울 듯해요. 사람마다 정말 다양한 성향을 갖고 있으니까요.

요즘 직업에 대한 인식과 문화가 예전과 많이 달라진 것 같아요. 최근에 면접 보러 오신 분들 중 한 명은 본인이 프리터freeter족이라고 하더라고요. 안정적인 직업과 직장을 구하기보다 아르바이트를 하며 생활비를 벌면서 좋아하는 것을 즐기며 살겠다는 의미죠. 최저시급이 어느새 웬만한 중소기업 급여 수준으로 상승했기 때문이기도 하고요. 저 역시 입사자의 의사에 따라 정직원뿐 아니라 시급제 형태로도 고용하고 있어요. 그리고 같은 조건이라면 정직원보다 비정규직에게 더 많은 급여를 주려 하고요. 고용의 불안정성을 담보로 일하고 있는 만큼 혜택이 더 커야 한다고 봐요. 대신 근태 관리는 정말 철저하게 해요. 세 번 지각하면 퇴사 처리하죠.

현재 저희 회사에는 50대, 60대 어머님들이 일하고 있어요. 그분들은 상품 등록, CS, 상품 발주 등 중요한 업무들을 맡고 있으면서 높은 성과를 보여주고 있어요. 회사의 주축인 셈이죠. 연세가 많은 만큼 그분들에게는 이곳이 마지막 회사일 수도 있다고 생각하고요. 그래서 그분들에게도 초점을 맞춰 채용하고 있어요.

다양한 연령대가 모여있는 만큼 사내 문화를 만들어 가는 과정도 쉽지 않겠어요.

소규모 인원이 일하는 곳에서는 형 동생 하면서 가깝게 지내는 것이 좋은 것 같아요. 인원이 소수인데 그 안에서 격식을 따지면 외롭거든요. 반면 저희 회사 안에서는 직급과 나이에 상관없이 '님'을 붙여서 존댓말로 소통해요. 업무 분야가 나눠져 있고 성별과 연령대가 다양하기 때문에 너무 가까운 사이보다는 적당히 거리감을 가지면서 잘 연결되어 있는 관계를 지향해요. 특정 성별 또는 연령대의 문화가 주축으로 자리 잡지 않도록 하는 거죠. 저희 회사만의 장점이라고 생각하고요. 선을 지키면서도 서로를 이해하고 배려하는 문화를 추구하고 있습니다.

하루 일과가 어떻게 흘러가는지 궁금해요.

유통 사업과는 별개로 NFT 뉴스레터 서비스를 운영하고 있어서 월, 수, 금은 오전 9시부터 11시까지 2시간 동안 뉴스레터 원고를 작성해요. 화, 목은 11시에 회사로 출근해요. 기본적으로 쇼핑몰이다 보니 당일 발송에 문제만 없으면 출근이 이르지 않아도 되거든요. 직원들도 굉장히 좋아하죠(웃음). 저녁 7시까지 업무를 보고 7시 이후부터는 사업과 관련된 다양할 활동을 하고 있어요. 상품 제조도 하고, 콘텐츠 크리에이터 지인을 만나 콘텐츠 분야 스터디도 하고, 사업하는 지인들과 사업 관련 정보를 공유해요. 주말에는 오후 3시부터 밤 10시까지 교육을 진행하고 있고요.

사람들이 너무 힘들지 않냐고 물어보는데요. 한 직장에서 종일 하나의 일을 한다면 개인이 경험할 수 있는 한계가 명확하잖아요. 다양한 일을 하게 되면 전혀 상관없는 일 같아 보여도 어느 순간 연결되어 시너지를 일으킬 수 있어요. 이런 의미에서 힘닿는 한 다양한 경험을 하고 있어요. 그만큼 시간 투자도 하고 있고요.

창업 교육을 하다 보면 수강생들에게서 사업 운영과 관련한 아쉬운 모습을 많이 발견할 텐데요. 주로 어떤 부분을 놓치는 편인가요?

어떤 사업을 시작할 때 본인에 대한 인건비를 감안하지 않는 경우가 많아요. 예를 들어 유튜브 채널을 시작한다고 했을 때 기획, 촬영, 편집하는 시간과 노동력을 계산하지 않는 거죠. 몇 시간 동안 열심히 공을 들여서 만들었는데 10,000 원의 수익만 나면 효율이 굉장히 낮잖아요. 자신의 인건비를 계산해서 시간 낭비를 하지 않으면 좋겠어요. 창업에 대한 환상을 깨고 시간당 버는 돈의 가치를 제고해 보는 거죠. 수익뿐만 아니라 경험을 쌓는 것도 놓치지 않았으면 해요. 직접 사업을 하지 않더라도 아르바이트로 일한다면 매장이 어떻게 운영되는지, 식재료 값이 얼마인지 다 알 수 있잖아요. 사장님과 친해지면 인건비나 임대료도 알 수 있고요(웃음). 처음부터 무리하게 사업을 시작하지 않고 누군가 만들어 둔 시스템

안에서 간접 경험을 안정적으로 쌓는 것이 좋다고 봐요. 이후 본인이 최저시급 이상을 벌 수 있다는 확신이 생길 때 창업을 시작하길 바라요.

또 다른 측면으로는 사업 아이템을 찾기가 어렵다는 고충도 존재하죠.

맞아요. 그래서 앞서 이야기한 것처럼 아르바이트 같은 다양한 경험을 해보면 좋겠어요. 아르바이트라고 하더라도 주인의식을 갖고 일하면 사업을 하는 것과 크게 다르지 않다고 생각해요. 돈도 벌고 경험도 쌓을 수 있잖아요. 카페를 창업하고 싶은 사람이 다른 사람의 카페에서 일하는 경험은 창업 교육을 받는 것과 마찬가지예요.

사업을 하다 보면 네트워킹이 중요하다는 말을 많이 듣게 되죠. 하지만 하루하루 바쁜 일상을 보내는 자영업자에게는 무척 버거운 일이기도 해요.

사람도 중요하지만 우선 상황을 설정하는 것이 중요하다고 생각해요. 대학교 친구 중 가장 친한 친구에게 '그냥 의미 없이 만나지 말고 만나서 공부를 해보자'고 제안했어요. 그래서 매주 수요일에 만나서 블로그 콘텐츠를 기획하며 제작하고 있거든요. 친구이면서 동료가 된 거예요. 좋은 지인이라는 관계에서 더 나아가 먹고사는 일을 돕는 동료라는 관계로 상황을 설정했죠. 이후로 좋은 사람들을 만나게 되면 같이 무엇인가 해보자는 제안을 하고 있어요. 대단한 사업을 같이 하자는 것이 아니라 가벼운 스터디 모임을 갖는 형태로요.

그렇게 교류하다 보면 주변에 사업하는 지인들이 많을 듯해요. 그들의 특성을 돌이켜봤을 때 어떤 공통점이 있었나요?

다들 정말 열심히 살아요. 일과 혼연일체로 살아가죠. 수면 시간을 제외한 모든 시간을 자신만의 콘텐츠를 제작하는 시간으로 활용하고 있어요. 세상에 존재하는 다양한 콘텐츠로 새로운 자극을 받고 다시 세상에 자신이 만든 콘텐츠를 내보내는 순환을 이루고 있죠.

소비자와 공급자 모두의 관점으로 바라보는 습관도 체화되어 있고요. 어떤 산업 분야든 수요와 공급이 있잖아요. 대부분의 사람들은 소비자의 관점에서 멈춰있는 반면 이들은 더 나아가 자신이 사용하는 것을 공급하는 입장에서 바라봤을 때 어떻게 만들지 고민해 봐요. 자신이 자주 사용하는 분야인 만큼 문제점도 잘 알고 있으니까요. 가령 다이어리를 정말 좋아하는 사람이라면 다른 사람이 만든 것을 구매만 하는 것이 아니라 직접 만들어보는 식으로요. 자신이 잘할 수 있는 사업 아이템을 쉽게 찾을 수 있는 방법이 되기도 해요.

대표님 본인에게 창업을 한다는 것은 어떤 의미인가요?

소비자로 머무르지 않고 공급자가 되는 길이라고 생각해요. 흔히 '덕업일치'라고 하죠. 자신이 관심 있는 분야를 '업業'으로 만드는 과정인 거예요. 소위 '덕질'만 잘해도 창업을 할 수 있다는 생각을 갖고 있으면 사업을 훌륭하게 영위할 수 있다고 생각해요. 사업을 시작할 수 있는 용기와 관심과 열정이 합쳐지면 그만큼 성공할 수 있는 일이기도 하고요.

마지막 질문입니다. 창업을 도전하는 이들에게 해주고 싶은 말이 있다면 무엇인가요?

창업은 혼자 감당해야 하는 굉장히 외로운 싸움이에요. 창업 자체가 쉬운 일로 비치면 안 된다고 생각하고요. 자신이 좋아하는 취미를 창업으로 발전시킨 경우가 사업 성공률을 높일 수 있는 이상적인 모습이라고 봐요. 그렇게 사업을 시작하신 이들은 창업을 '창업'이라고 부르지도 않아요. '하고 싶은 것을 하다 보니 돈이 되던데요.'라고 하죠. 예전에는 유튜브 보는 것, 그림 그리는 것 등이 쓸모없고 비생산적인 활동이라는 취급을 받았지만 지금은 그 활동을 잘 활용하면 경쟁력이 되는 시대가 됐어요. 창업 그 자체에 매몰되기보다 본인이 잘하고 관심 있는 분야를 공급자의 입장에서 어떻게 수익화할 수 있을지 고민해 보면 좋겠어요.

PERSON 08
유현덕, 지랄닭발

창업을 한다는 것은 나를 만들어가는 것

창업을 시작하면 행동에 대한
모든 책임은 본인에게 있습니다.
누가 대신할 수 없어요. 하지만
그 모든 책임을 짊어지고 마침내 목표를
이뤘을 때의 성취감은 엄청날 거예요.

PERSON 08
유현덕, 지랄닭발

자기소개 부탁드립니다.

저는 '지랄닭발'이라는 닭발 프랜차이즈 대표 유현덕입니다. 2013년에 시작해서 지금은 본점과 프랜차이즈 본사를 동시에 운영하고 있어요. 동업의 형태로 참여했던 두 번의 사업 이후 혼자 시작한 첫 번째 사업이에요.

'지랄닭발'로 창업 이야기를 시작하려고 해요. 프랜차이즈 이름이 인상적입니다. 어떤 의미가 있나요?

요즘은 지랄닭발에 버금가는 독특한 상호가 많지만 10년 전에는 그렇지 않았어요. 프랜차이즈 시장이 활성화되는 시기였는데요. 큰 자금력을 가진 회사들이 프랜차이즈 매장을 기하급수적으로 늘리던 때죠. '어떻게 하면 그들과 경쟁하면서 손님들에게 어필할 수 있을까?', '돈을 들이지 않으면서 쉽게 알릴 수 있는 방법은 없을까?' 고민하다가 찾은 방법이 이름을 독특하게 짓는 것이었어요. 손님들이 이름을 들었을 때 쉽게 기억할 수 있으면서, 닭발이라는 매운 음식과의 궁합을 고려했습니다.

지랄닭발로 사업자를 등록할 때 쉽지 않았을 것 같아요.

맞아요. 처음 사업자를 등록할 때 세무서에서 '지랄'이라는 단어를 비속어로 판단했어요. 할 수 없이 '랄'에서 'ㄹ'을 뺐죠. 그렇게 등록을 하고 운영했는데 아쉬움이 많았어요. 손님들은 저희 브랜드를 이미 지랄닭발로 인식하고 있고, 저희도 지랄닭발이라는 단어와 콘셉트를 제대로 가져가고 싶었거든요. 결국 시간이 흐른 뒤 다시 지랄닭발로 사업자 변경을 했어요. 변경된 이후에도 해프닝은 계속됐어요. 몇몇 지자체에서는 쉽게 등록이 안 되더라고요. 사업자를 등록하는 공무원들이 온라인에서 지랄닭발을 검색하고 본사 사업자를 확인한 뒤 등록하기도 해요(웃음).

창업을 준비하는 분들이 가장 궁금해할 부분은 브랜드 혹은 매장의 매출과 마진율일 텐데요. 각각 어느 정도 수준인가요?

본사 매출은 본점 매출과 가맹 수수료를 합쳐 연 2십억 원 정도입니다. 그중 가맹 수수료 마진율은 10%예요. 10%를 높다고 느끼는 분들도 있고, 낮다고 느끼는 분들도 있어요. 보통 본사 마진이 높으면 가맹점이 부담해야 할 비용이 크고, 낮으면 본사가 부담할 비용이 크니까요. 사실 가맹점들을 위한 홍보 지원까지 고려하면 본사 마진율 10%가 큰 수치는 아니에요. 브랜드 마케팅에 큰 비용을 지불하는 대형 프랜차이즈 브랜드는 마진율을 더 높게 책정하고 있기도 하고요. 저희는 본사의 불필요한 마진으로 가맹점이 부담 갖지 않도록 적정한 수준으로 운영하고 있습니다.

가맹 수수료 매출을 제외한 본점의 마진율은 어느 정도인가요?

손익분기점을 넘겼을 때를 기준으로 25% 정도입니다. 마진율은 물가 상승으로 인한 가격 인상의 영향을 받아요. 음식 가격을 인상하는 것은 다른 프랜차이즈와의 경쟁에도 영향을 주는 요소라 본사 입장에서는 신중할 수밖에 없는데요. 코로나 시기에도 최대한 버티면서 가격 변동을 하지 않았는데, 근래 물가가 너무 상승해 음식 가격을 인상했습니다.

물가가 매장의 마진율에 많은 영향을 주는군요. 프랜차이즈 대표로서 가맹 수수료 마진율에 대한 고민이 클 듯합니다. 수수료 마진율은 사업을 시작할 때부터 가맹 사업의 전체 매출과 비용을 고려해서 책정했나요?

그런 건 아니에요. 이 브랜드를 어느 정도로 확장하고, 어느 정도의 마진을 확보하겠다는 생각으로 시작한 것은 아니었거든요. 자영업자가 생계를 유지하면서 저축도 할 수 있고 매출을 통해 재미를 느낄 수 있는 정도의 기준을 고민했어요. 거기에 가맹점에서 쉽게 할 수 없는 일들에 대한 본사 인건비를 더했어요. 닭발을 다듬고 가공하고 납품하는 일이죠. 이렇게 본사와 가맹점이 서로 이익을 낼 수 있는 구조로 운영을 하다 보니 자연스럽게 10%로 맞춰졌어요. 최근에는 물가 상승으로 10%에 못 미치지만요.

본사와 가맹점이 서로 이익을 얻을 수 있는 구조를 만드는 것이 쉽지 않네요. 2023년을 기준으로 전국에 몇 개의 가맹점이 있나요?

45개 매장이 있습니다. 사실 더 많았는데요. 코로나 때 폐업한 매장들이 있어요. 창업을 생각하는 분들이 고려할 부분이 여기에 있습니다. 많은 고민을 하고 창업을 하지만 코로나 같은 특수한 상황이 발생하면 매장을 유지하기가 어려워지기

도 해요. 생각하는 것과 실제 운영하는 것의 차이가 크다는 것을 인지하고 특수한 상황에 즉각적으로 대처할 수 있는 능력을 가지고 있는지 생각해 봐야 해요.

본사 매장의 마진율이 25% 정도라면 가맹점들의 마진율도 비슷한 수준인가요?

평균값입니다. 실제 25%가 되지 않는 매장도 있고 넘는 매장도 있죠.

45개의 매장 중에서 가장 큰 매출이 발생하는 곳은 어디인가요?

현재 매출 1위는 수원점이에요. 월 매출이 1억 2천만 원 정도 됩니다. 코로나 시기에 시작한 매장인데요. 당시 스물 아홉 살이던 수원점 대표님이 대출 포함 3천만 원으로 창업을 해서 지금은 성실사업자가 됐어요. 매장을 열정적으로 운영하는 모습을 보고 요즘은 오히려 제가 힘을 얻기도 합니다.

수원점의 매장과 직원 규모는 어느 정도인가요?

수원점은 홀 공간을 포함해서 109㎡ 정도예요. 현재는 배달량을 감당할 수 없어 홀 운영은 하지 않아요. 배달 건수는 일일 최대 250건 정도 되는데 동 시간대에 주문이 몰려요. 사람의 배꼽시계는 비슷하니까요. 직원은 11명이고요. 특정 시간에 주문이 몰리기 때문에 배달 대행업체로는 한계가 있어서 자체적으로 배달 직원을 고용해 운영하고 있어요. 주문이 몰리는 시간에 맞춰 아르바이트도 고용하고요.

닭발을 사업 아이템으로 결정하게 된 계기도 궁금합니다.

사실 저는 닭발을 안 먹었어요. 닭발이 아니어도 세상에 먹을 음식이 많으니까요(웃음). 제가 두 번째 사업의 좋지 않은 결과 때문에 힘들어할 때가 있었는데요. 그때 아내에게 아파트 내에서 열리는 플리마켓에 참여할 기회가 생겼어요. 아내가 플리마켓에서 판매할 아이템으로 닭발을 생각한 거죠. 아내가 닭발을 좋아하기도 했고 보통 플리마켓에서 닭발을 판매하지 않아 경쟁력이 있을 거라고 생각했어요. 그렇게 한번 해보자는 마음으로 시작했습니다.

창업을 하면 한 번에 성공하는 경우가 드문데요. 지랄닭발 이전에 어떤 사업을 했나요?

첫 사업은 자동차를 튜닝하는 일이었어요. 친구와 동업으로 시작했습니다. 당시 자동차 마니아들이 소소하게 자신의 자동차를 튜닝하는 문화가 있었어요. 저도 동호회 활동을 할 정도로 자동차를 좋아했는데요. 그런 문화가 활성화되는 시기에 튜닝 사업을 한 거죠. 물론 모두 합법적인 범위 안에서요. 파츠를 설치하고 오디오를 튜닝하는 정도였습니다.

두 번째는 부동산 관련 사업이었어요. 그때 많이 힘들었어요. 믿고 의지했던 분에게 뒤통수를 맞았거든요. 사업할 때는 어느 정도의 지식과 조심성, 진취적인 성향 등 필요한 점들이 많은데요. 그때는 나이도 어렸고 경험도 부족해서 제 자신에 대한 보호 능력이 없었기 때문에 그런 일을 당한 것 같아요. 사업할 때 달콤한 유혹들이 많은데요. 주변에 이용당하고 버려지지 않게 조심해야 한다는 것을 그때 배웠어요.

두 번째 사업 이후 다시 회복하기까지 상당한 시간이 필요했겠어요.

길다면 길고 짧다면 짧을 수 있는데요. 저는 사업하기 전 16년 동안 영업을 했어요. 지금은 온라인 영업이 활발하지만 당시에는 오프라인에서 사람을 직접 만나 영업을 했죠. 낯선 사람을 만나는 것이 쉽지는 않았지만 그 점을 이겨내면 큰 수익을 만들 수 있었어요. 점점 영업에 재미를 느끼고 좋아하게 됐죠. 그랬던 제가 두 번째 사업을 하며 사람에게 큰 상처를 받으니 후유증이 컸어요. 공황장애와 대인기피증까지 겪었죠. 사람이 무서워 다 내려놓고 싶었어요.

하지만 마냥 그럴 수 없는 상황이었어요. 저희 아이들이 너무 어렸거든요. 경제적으로나 시간적으로 포기할 수 있는 상태가 아니었어요. 저랑 아내는 끼니를 거르더라도 아이들에게 분유를 먹이고 기저귀도 갈아줘야 했으니까요. 사람에 대한 트라우마를 가지고 있었지만 일을 해야 했죠. 우선 생활비를 벌기 위해 모텔 카운터 아르바이트에 지원했어요. 손님의 눈을 보고 응대하는 일이 아니라서 괜찮을 것 같았거든요. 그렇게 일을 다시 시작하면서 플리마켓을 병행했습니다.

플리마켓에서 닭발을 판매하는 것과 사업의 형태로 닭발 프랜차이즈를 운영하는 것은 아예 다른 영역인데요. 플리마켓에서 장사를 하는 와중에 자연스럽게 프랜차이즈 형태의 사업을 구상했나요?

아니요. 그때는 당장의 끼니를 걱정하는 시기였어요. 사업 구상이 문제가 아니라 생활의 기본적인 부분들을 해결하는 것이 문제였죠. 오늘 열심히 판매하고 내일 판매할 것을 준비하는 생활이었습니다. 육체적으로 많이 힘들었어요. 다행히 많은 손님이 저희 음식을 찾아주셨어요. 하지만 플리마켓에서 장사를 하는 건 시기, 질투를 받는 것부터 세금 미납과 같은 위험한 요소들을 가지고 있었어요. 그래서 안정적으로 장사를 하고 싶어 조그맣게 매장을 열게 되었습니다. 그동안은 오늘을 위해 열심히 살았다면 이제 내일을 생각하는 삶을 살기 시작한 거죠.

첫 매장을 준비하는 데 어느 정도 비용이 들었나요?

1천만 원 정도 들었어요. 4개월 동안 플리마켓에서 닭발을 판매한 수익으로 마련했어요. 1천만 원 중 5백만 원은 매장 보증금으로 사용했죠. 원래 보증금이 1천만 원이었는데 부동산 사장님께서 건물주분을 설득해 주셨어요(웃음). 집기 비용은 거의 들지 않았어요. 전 임대인분이 놓고 간 집기를 그대로 사용했거든요.

당시 배달 매출액 규모는 어느 정도였나요?

지금처럼 크지 않습니다. 배달 앱으로 접수된 주문은 전체 주문량의 5% 미만이었어요. 전단지 중심의 시장 상권이었거든요. 또 많은 손님이 미리 전화로 주문을 한 다음 매장에서 음식을 찾아갔어요. 지금은 라이더가 스마트폰으로 배달할 주문 건을 확인하지만 그때는 관제라는 센터를 통해 사람이 일일이 확인했어요. 매장에서 주문을 받으면 관제로 배달 요청을 하고 관제에서 라이더에게 전달하죠. 매장마다 주문이 한꺼번에 몰리는 때가 비슷해 배달이 잘못되는 실수도 많이 발생했어요. 그런 시행착오를 겪으면서 배달 서비스도 많이 발전했죠.

불과 몇 년 전인 것 같은데 배달 위주의 시장으로 큰 변화가 있었네요.

엄청나게 변화했죠. 현재 자영업자 비율을 보면 홀 영업 매장보다 배달 전문점이 훨씬 높습니다. 코로나로 인해 배달 서비스 시장이 엄청 커졌거든요. 코로나 이전에는 유동인구를 고려해 오프라인 매장을 여는 게 정석이었어요. 하지만 코로나로 오프라인 매장을 이용하는 손님이 줄면서 유동인구가 많은 곳에 있는 매장들은 비싼 임대료를 감당할 수 없게 됐죠. 그래서 많이 폐업하기도 했고요. 배달 시장이 커지면서 유동인구가 많지 않더라도 배달이 용이한 상권을 찾기 시작했어요. 적은 자본으로 창업하려는 분들도 많아졌고요. 배달 전문점은 오프라인 매장을 창업하는 비용의 1/10 정도로 시작할 수 있거든요. 코로나 이후 배달 전문점으로 창업해서 성공한 분들이 많아요. 배달 서비스 앱도 손님들이 주문하기 쉽게 계속 발전한 것도 한몫했고요.

요식업 창업을 위한 인프라와 시스템이 사업하기에 편리해질수록 경쟁이 심화될 것 같아요.

경쟁은 언제나 심했습니다. 배달 전문점이 기하급수적으로 늘기 전에도 늘 경쟁을 했죠. 배달 전문점이건 홀 영업 매장이건 매장은 한 동네에 자리 잡고 운영하기 때문에 같은 동네에 있는 모든 매장과 경쟁하고 있는 거예요. 어느 동네나 인구수는 크게 변하지 않잖아요. 맛, 품질, 서비스에서 경쟁력을 갖춘 매장들은 그 속에서 언제나 살아남았어요. 그렇지 않은 매장들은 늘 버티지 못했죠. 차이가 있다면 경쟁에서 버틸 수 있는 시간이 예전보다 훨씬 짧아졌다는 거예요. 손님들의 선택지가 훨씬 다양해졌으니까요.

사회가 고령화되면서 각 산업 분야에서 고령층의 소비자를 대상으로 사업 아이템을 선정하고, 그들을 공략하는 전략을 세우고 있습니다. 지랄닭발도 이 변화에 대응하기 위해 고민하는 부분이 있나요?

닭발의 경우 누구나 좋아하는 음식은 아니죠. 좋아하는 분들이 계속 먹는 음식이에요. 특히 지랄닭발의 메뉴들은 많이 매운 편인데요. 그래서 더 한정된 소비자층을 갖고 있습니다. 하지만 이분들은 나이를 먹어도 계속해서 저희 음식을 좋아할 확률이 높아요. 이분들이 저희의 주요 소비자입니다. 여전히 국내에서는 매운 음식으로 닭발을 떠올리는 분들이 많아요. 닭발이라는 메뉴가 아직까지는 요식업에서 틈새시장이라고 생각하는 이유죠. 반면 프랜차이즈를 운영하는 입장에서 이렇게 한정된 소비자를 대상으로 사업을 하면 발생하는 매출이 한정적이라는 것도 인지하고 있어요. 그래서 매운 음식을 좋아하지 않는 분들의 입맛도 고려해서 적당히 매콤한 메뉴를 개발하고 있어요.

메뉴 개발할 때 중점을 두는 부분은 무엇인가요?

첫 번째는 시스템입니다. 요식업에 대한 정부의 규제가 까다롭고 철저해요. 이를 대비하기 위해 HACCP을 기준으로 공장을 짓고 있어요. 완성 단계에 있습니다. 두 번째는 닭의 다양한 부위를 활용해 메뉴를 개발하고 있어요. 닭발을 좋아하지 않는 분들도 닭 날개는 좋아하거든요. 닭 날개를 시작으로 닭 가슴살 등 여러 부위로 메뉴를 다양화할 예정입니다. 닭 목살 같은 특수부위도 포함해서요. 한때 유행한 닭 껍질만큼은 아니지만 시장에서 반응이 있어요. 원가도 저렴하고 소비자에게 새로움을 줄 수 있을 것 같아 개발하고 있습니다.

이렇게 지랄닭발을 안정적으로 운영하기까지 어려운 점도 많았을 것 같아요. 가장 힘들었던 때는 언제였나요?

사업 초기에 많이 힘들었어요. 가진 건 없고 해야 할 일과 빚만 남은 상태였거든요. 그래도 감사했던 건 매출 걱정을 하지 않았다는 거예요. 많은 손님이 찾아주시고 입소문을 내주셨거든요. 그 입소문으로 손님이 계속 늘었어요. 저 혼자 소화하기 어려울 정도로요. 육체적으로 힘들었어요. 시간은 없고 직원을 고용할 수 있는 상황도 아니었거든요. 말 그대로 일당백으로 일했죠. 매장을 열고 닫는 시간은 손님과의 약속이기 때문에 반드시 지켰습니다. 잠을 줄이면서 다음 날 영업을 준비했어요. 3년 동안은 일주일 수면 시간이 11시간 정도였습니다.

그때 하루 일과는 일로 가득했겠네요.

맞아요. 거의 23시간 동안 가게에 있었어요. 시간 분배도 간단했어요. 영업시간은 장사를 하는 시간, 영업 외의 시간은 장사를 준비하는 시간으로요. 일하기 위해 틈틈이 식사를 한 것 외에는 다른 것으로 시간을 보낸 적이 없습니다. 할 일은 많은데 하루는 24시간으로 정해져 있으니 시간에 쫓기듯 살았습니다. 사업에 대해 고민하거나 하루 영업을 회고하고 앞으로의 계획을 세울 시간이 전혀 없었어요. 사업으로 고통받았던 시간들도 생각나지 않을 정도였습니다. 그렇게 일할 수 있었던 건 지랄닭발을 찾아주는 손님들 덕분이었죠. 그분들에게 맛있는 닭발을 제공하기 위해 1분 1초를 헛되이 보내지 않고 노력했어요. 또 불평불만 없이 제 옆을 지켜준 아내 덕분에 다른 생각을 하지 않고 지금까지 올 수 있었죠.

그때와 비교했을 때 지금의 일과는 어떻게 변했나요?

그때는 매장 하나를 운영하기 위해 24시간을 쏟았다면 지금은 매장과 프랜차이즈 운영, 공장 설립과 두 번째 사업 아이템 준비 등 다양한 일을 하기 위해 시간을 쪼개어 쓰고 있어요. 제 일을 대신할 수 있고 고민을 나눌 수 있는 직원들이 있기 때문에 일도 조금 더 편하게 하고 있고요. 시간적인 여유도 생겨서 잠도 훨씬 많이 잡니다(웃음). 요즘은 하루 평균 4

시간 정도 자요.

혼자서 모든 일을 하다가 첫 직원을 채용해야겠다고 생각한 계기가 있었나요?

제4금융의 채무를 벗어났을 때요. 은행에서 대출할 수 없어 제3, 4 금융권에 의지해야 했을 때 정말 힘들었거든요. 그 빚을 모두 상환하고는 정말 기뻤어요. 아내도 마찬가지로 기뻐했죠. 이후에도 채무가 있었지만 고금리를 해결하니 큰 짐을 덜어낸 느낌이었어요. 그때 제 일을 나눠줄 직원을 채용했던 거에요.

24시간을 열심히 일하게 만든 동기가 있었을 것 같아요.

심리적 압박감이요. 창업 초기에는 통장에 돈이 남아있는 날이 없었어요. 음식을 만들기 위한 식자재 비용 결제를 하지 못해 미수금도 늘어났고요. 점점 쫓긴다는 느낌을 받았어요. 근데 포기하지 않고 계속 노력하니 미수금이 조금씩 줄었어요. 그때부터 심리적 압박을 조금씩 덜기 시작했죠. 어느 순간부터는 잔고가 쌓이기 시작하더라고요. 그걸 보면서 내가 지금보다 더 노력하면 심리적 압박감에서 완전히 벗어날 수 있겠다는 생각을 한 거죠. 그래서 더 열심히 일했습니다.

지랄닭발의 터닝포인트라고 할 수 있는 사건이 있었다면 무엇인가요?

첫 가맹점 문의를 받은 거죠. 매장을 오픈하고 오래되지 않은 때였어요. 실제 가맹점 개설까지 이어지지는 않았지만 희열을 느꼈습니다. 많은 고민을 했지만 제가 가맹을 운영할 준비가 되지 않아 진행하지 않았어요. 그때는 제 매장 하나 운영하기도 벅찼거든요. 실제로 가맹점이 개설된 때는 2년 뒤인 2015년입니다.

그때부터 지금까지 오랜 기간 프랜차이즈 사업을 운영하면서 가맹점 개설 기준을 세웠을 듯해요.

제가 지랄닭발을 어려운 상황에서 시작했기 때문에, 처음에는 정말 마음 맞는 분이 있다면 제가 힘들게 쌓아온 노하우를 나누며 같이 브랜드를 성장시키고 싶었어요. 상담을 하면 경제적으로 여유가 없으신 분들이 대부분이었고요. 저에게 프랜차이즈 사업은 새로운 도전이었고 누군가를 도와줄 수 있는 기회였죠.

하지만 많은 상담을 하고 다양한 점주님들을 경험해 보니 처음 먹은 마음이 많이 바뀌더라고요. 마음의 상처도 많이 받았어요. 저는 본사의 수익을 높이기 위해 가맹 사업을 시작한 것이 아니었거든요. 점주님들이 지랄닭발을 통해 먹고사는 걱정을 조금이라도 해소하길 바라는 마음이었습니다. 이런 제 뜻을 이해하지 못하는 분들이 있었어요. 점주님들과 함께 동반 성장하고 싶은 마음을 여전히 가지고 있지만 예전처럼 감성적으로 생각하지는 않아요. 많은 시행착오를 겪더라도 매장을 끌고 나갈 수 있는지를 중점적으로 살핍니다.

예비 가맹점주가 매장을 잘 이끌어 나갈 수 있을지 판단할 때 어떤 점을 중점적으로 살펴보나요?

점주님들의 특성을 들어 설명하면 좋을 것 같네요. 상담을 하면 저에게 많은 것을 물어보는 분이 있고 그렇지 않은 분이 있어요. 그럼 저는 질문을 많이 하신 분에게 많은 것을 알려드리겠죠. 확률적으로 그런 분들이 사업을 잘하시더라고요. 학습할 의지를 갖고 있으니까요.

더불어 점주님들에게 질문을 하면 부정적인 답변을 하는 분과 긍정적인 답변을 하는 분으로 나뉘는데요. 긍정적인 답변을 하는 분을 선택합니다. 그렇다고 부정적인 답변을 하는 분이 잘못됐다는 건 아닙니다. 그런 분들은 조심성을 중요하게 생각하거든요. 다만 창업이라는 것이 오늘 어떻게 될지 모르고 내일 어떻게 될지 모르는 것인데, 긍정적인 에너지를 가진 분들이 그런 불안감을 잘 이겨내는 것 같아요. 손님들에게도 더 긍정적인 에너지를 전달할 테고요.

학습할 의지가 있는 분들이 지니고 있는 또 다른 태도가 있나요?

고민을 굉장히 많이 해요. 상담을 요청하신 분들은 대부분 창업에 대한 기본적인 지식이 부족한데요. 학습할 의지가 있는 분들은 온라인 콘텐츠를 통해 공부를 많이 하고서 궁금했던 점과 자신의 생각을 정리해서 옵니다. 그러다 보니 저도 그분들에게 알려드릴 것이 많죠. 그러면서 더 많은 대화를 하게 돼요. 이 질문을 하기까지 어떤 생각을 했겠구나 유추할 수 있죠. 창업을 위해 여러 방면에서 심도 있게 고민했다는 것을 느낄 수 있어요.

그럼 그 반대의 분들은 어떤 태도를 갖고 있나요?

잘 되기까지의 과정은 생각하지 않고 잘 된 결과만 봐요. 어떤 준비도 없이 와서 가맹비가 얼마인지, 매출은 얼마인지, 마진율은 얼마인지 물어보는데요. 본인이 생각하는 기준에 맞으면 창업할 준비가 다 됐다고 생각해요. 노력할 마음과 준비가 부족한 분들과는 함께하기 어렵죠.

결혼을 하고 부양할 가족이 있는 상태에서 지랄닭발을 창업했습니다. 그렇지 않은 경우에 창업하는 것과 어떤 차이가 있다고 생각하나요?

부양할 가족이 있는 상태에서 창업하면 가족과 시간을 보내야 하기 때문에 일과 가정의 시간적 균형을 고려하게 되죠. 또 부양할 가족이 없더라도 일과 휴식의 균형을 중요하게 생각하는 이들도 있어요. 하지만 어떤 경우라도 창업을 하면 두 개의 균형을 맞출 수 없습니다. 저는 가정이 없는 상태에서 첫 번째 사업을 했어요. 실패했죠. 하지만 저 혼자만의 실패예요.

돈이 세상의 전부는 아니지만 가정을 유지하는 데 중요한 요소입니다. 돈으로 가정의 평화가 깨질 수도 있고 유지될 수도 있어요. 창업은 지금보다 더 나은 삶을 살기 위해 택한 방법이잖아요. 한 번의 창업으로 성공할 수도 있지만 실패할 수도 있습니다. 가정이 있을 때 실패하면 실패에 대한 결과를 나

혼자 안고 해결할 수 있을까요? 그럴 수 없죠. 그래서 가정이 있다면 독단적으로 창업을 결정하면 안 돼요. 사전에 가족의 동의와 지지가 필요합니다. 가족 구성원의 동의와 지지를 얻은 경우, 사업이 실패해도 가정이 실패할 확률은 적을 거라고 생각해요. 혼자 창업에 대해 고민하기 전에 배우자와 같이 고민하는 게 먼저예요. 내가 고민을 끝내 놓고 결론을 내린 상태에서 배우자에게 공유하면 의견 충돌로 불화가 생기겠죠. 창업 전부터 가정에 문제가 생기면 창업하는 과정에서도 계속 힘들어져요. 함께 고민할 때 성공할 확률과 실패할 확률에 대해서도 꼼꼼히 따져보는 게 필요해요. 특히 실패했을 때의 경제적인 어려움에 대한 대책을 마련해 두는 것이 중요합니다. 서로 다투지 않고 의지하면서 실패를 함께 극복할 수 있어요.

결혼 여부를 떠나서 창업을 준비하시는 분들이 꼭 생각해 봐야 할 주제네요. 그동안 상담하러 오신 분들 중에 가족 구성원들의 동의를 구하지 않은 경우도 꽤 있었을 듯해요.

사실 이런 부분은 조언하는 것이 쉽지 않아요. 오지랖일 수 있거든요. 제 조언을 들을 준비가 되어있는 분들에게만 이야기해요. 저희와의 계약 여부를 떠나서 창업에 대한 목표가 분명히디면 창업에 필요한 기본기를 알려드리죠. 제가 그동안 100명 이상 상담했는데요. 생각보다 창업하기 위한 준비가 안 된 분들이 많았어요.

그렇다면 예비 창업자들이 가장 중요하게 생각해야 할 점은 무엇일까요?

'생각'입니다. 창업에 대해 고민하고 그 고민을 정리할 수 있는 생각이 중요해요. 스스로 고민하지 않으면 어떤 질문에도 답을 찾을 수 없어요. 행동으로 옮길 수도 없고요. 고민하고 그 고민을 정리해야 그에 따라 창업 계획을 세울 수 있어요. 체력을 분배하고, 시간을 조율하고, 자금을 구성하는 것은 똑똑함과 관계가 없어요. 본인이 고민하면 실행할 수 있는 것들이에요.

사업가 지인 중 생각을 실천으로 잘 옮긴 분이 있을까요?

'인생아구찜' 브랜드를 운영하는 이상훈 대표요. 코로나 시기에 오픈해서 현재 50개 이상의 가맹점을 가지고 있어요. 이상훈 대표는 창업하기 위해 제가 앞서 이야기한 내용에 대해 정말 많은 고민을 했어요. 고민을 끝낸 후엔 바로 실행을 했죠. 더불어 누군가 조언을 하면 자기 것으로 빠르게 흡수했어요. 음식점은 누구나 할 수 있어요. 중요한 건 메뉴가 아니라 어떤 방법으로 판매하느냐예요. 누구에게나 절대적으로 맛있는 음식은 없다고 보거든요. 이러한 점을 고려해 브랜드를 만들고 가맹을 개설해 사업화할 수 있는 능력을 가진 사람이에요.

지랄닭발의 목표는 무엇인가요?

프랜차이즈 본사는 보통 가맹점 수를 늘리고 브랜드 가치를 높이는 것을 목표로 해요. 그런 면에서 그동안 지랄닭발은 정체기였어요. 공장 규모가 작아 생산할 수 있는 양이 한정적이었죠. 정말 보수적으로 체인점을 늘렸습니다. 공급량이 부족한데 체인점을 늘리면 기존 점주님들이 손해를 보니까요. 이제 많은 양을 생산할 수 있는 공장이 생겼으니 생산량에 맞춰 체인점을 늘리려고 합니다.

브랜드의 가치를 높이는 방법은 여러 가지가 있을 텐데요. 가맹 점주님들이 지랄닭발을 선택한 것에 자긍심을 가질 수 있는 방향으로 브랜드 가치를 높이려 합니다. 점주님들이 만족할 수 있는 운영 시스템을 갖추는 거죠. 아직 구체적으로 알려드릴 수 없지만 '엽기 떡볶이'나 '이삭 토스트'처럼 점주님들을 배려하고 그분들의 입장에서 생각할 줄 아는 브랜드로 발전시키려고 합니다

두 번째 프랜차이즈 브랜드를 준비하고 있죠. 지랄닭발 브랜드 고도화를 병행하면서 준비하게 된 계기가 궁금합니다.

닭발이라는 단일 메뉴를 운영하기 때문이에요. 저희는 닭발을 대체할 수 있는 메뉴가 없어요. 닭발이 없으면 당장 장사를 할 수 없는 상태인 거죠. 닭발은 원물 수급이 쉬운 부위가 아니에요. 게다가 현재 물가 상승으로 인해 원가가 40% 정도 인상됐어요. 요식업 브랜드의 수명도 긴 편이 아니고요. 세상은 급변하고 환경 문제는 점점 더 심해져 원물을 언제까지 수급할 수 있을지 미지수죠. 제가 이렇게 불안함을 느끼는 만큼 가맹 점주님들도 똑같이 느낍니다. 그래서 두 번째 브랜드로 대비하려는 거예요. 오랜 기간 함께한 가맹 점주님들과 저를

위한 안전장치죠. 시기도 지금이 적절하고요. 지랄닭발이라는 브랜드가 기울어졌을 때 대비하면 늦으니까요. 목표는 지랄닭발과 동등한 규모로 성장하는 것입니다.

사업 아이템은 어떤 건가요?

돼지고기, 닭고기, 해산물을 혼합한 메뉴예요. 지랄닭발은 매운맛과 단일 메뉴로 특정 소비자를 대상으로 운영했다면, 두 번째 브랜드는 부드러운 맛과 다양한 메뉴로 누구나 즐길 수 있게 준비하고 있어요. 물론 지랄닭발을 좋아하는 손님들을 위해 매콤한 메뉴도 준비하고 있습니다. 수원을 시작으로 김포, 일산, 강남에 오픈할 예정이에요.

대표님 본인에게 창업을 한다는 것은 어떤 의미인가요?

나를 만들어가는 과정이죠. 어떤 이들은 이런 제 생각을 과하다고 생각할 수 있을 텐데요. 저는 사활을 걸고 창업을 시작했고 지금까지도 많은 고민을 하고 있어요. 창업으로 사회적 위치가 형성되고, 창업을 위한 생활 습관으로 지금의 제 삶이 만들어졌거든요. 창업을 시작하면 하루의 대부분을 일만 생각하게 돼요. 사업을 기준으로 제가 움직이고 사업에 제 모든 에너지를 쏟죠. 그런 과정이 있었기에 지금의 제가 있는 거라고 봐요.

마지막 질문입니다. 창업을 준비하시는 분들에게 꼭 필요한 조언을 한다면요?

시간, 노력, 자금 세 가지 중 나는 어떤 부분에 강점이 있는지 고민할 필요가 있어요. 꼭 창업이 아니어도 무언가 목표를 이루기 위해서 필요한 조건들이죠. 세 가지가 균형을 이루어야 해요. 물론 처음부터 균형을 맞출 수는 없겠죠. 모두가 다른 조건에 놓여있으니까요. 창업을 고민하는 분들은 대부분 창업 초보일 확률이 높아요. 경험이 없기 때문에 데이터가 없는데요. 우선 본인이 가지고 있는 능력 정도에 따라 부족한 부분을 대체해야 해요. 만약 자금이 부족하면 그것을 채우기 위해 시간과 노력을 더 쏟아야 합니다. 노력이 부족하면 그만큼 시간과 자금을 투자해야 하고. 그렇게 세 가지 자원의 균형을 맞춰가면 돼요. 어느 한쪽으로 계속 치우치면 안 됩니다. 이렇게 세 가지 조건이 균형을 이뤘다면 기본은 준비된 거예요. 그다음에는 '잘' 해야 합니다. 앞선 세 가지는 누구나 다 하는 것이기 때문이에요. 이 세 가지 자원을 상황에 맞춰 조절하는 것이 '잘' 하는 것입니다. 창업을 시작하면 행동에 대한 모든 책임은 본인에게 있습니다. 누가 대신할 수 없어요. 하지만 그 모든 책임을 짊어지고 마침내 목표를 이뤘을 때의 성취감은 엄청날 거예요. 그 성취감은 온전히 본인만 누릴 수 있죠.